Janice Braun

Der Ozean in mir

Am Tiefpunkt meines Lebens war Gott da.
Mein Weg mit der Depression.

JANICE BRAUN

DER OZEAN
in mir

**Am Tiefpunkt meines Lebens war Gott da.
Mein Weg mit der Depression**

SCM

Stiftung Christliche Medien

SCM Hänssler ist ein Imprint der SCM Verlagsgruppe, die zur Stiftung Christliche Medien gehört, einer gemeinnützigen Stiftung, die sich für die Förderung und Verbreitung christlicher Bücher, Zeitschriften, Filme und Musik einsetzt.

© 2023 SCM Hänssler in der SCM Verlagsgruppe GmbH
Max-Eyth-Straße 41 · 71088 Holzgerlingen
Internet: www.scm-haenssler.de; E-Mail: info@scm-haenssler.de

Soweit nicht anders angegeben, sind die Bibelverse folgender Ausgabe entnommen: Neues Leben. Die Bibel, © der deutschen Ausgabe 2002 und 2006 SCM R.Brockhaus in der SCM Verlagsgruppe GmbH, Holzgerlingen.

Weiter wurden verwendet:
Hoffnung für alle ® Copyright © 1983, 1996, 2002, 2015 by Biblica, Inc.®. Verwendet mit freundlicher Genehmigung des Herausgebers Fontis – Brunnen Basel. (HFA)

Lektorat: Carolin Moussa
Umschlaggestaltung: Stephan Schulze, Stuttgart
Titelbild: Miriam Majaniemi, www.maj-photo.ch
Satz: typoscript GmbH, Walddorfhäslach
Druck und Bindung: GGP Media GmbH, Pößneck
Gedruckt in Deutschland
ISBN 978-3-7751-6148-0
Bestell-Nr. 396.148

Inhalt

Vorwort 7

Aller Anfang ist schwer 9

Goldlöckli 14

Der Ernst des Lebens 26

Die graue Decke über mir 39

Schnitte ins Herz 49

Selbstliebe 60

Nächster Halt: Klapse 69

Zurück in der Realität 81

Der wundersame Gott 89

Pandemie hin oder her 97

Wahre Stärke 101

Ich träume von Kirche 118

Spiritualität entdecken 126

Was bleibt, ist Friede 134

Ressourcen 137

Walhai ahoi 149

Nachwort 157

Vorwort

Ich würde mich nicht als klassische Autorin bezeichnen. Vielleicht nicht einmal als Autorin. Ich bin eine Frau, die die Tiefen des Lebens kennt und von Herzen gerne Hoffnung teilt.

In diesem Buch erzähle ich meine Geschichte: Wie sich über Jahre hinweg schleichend eine schwere Depression auf mich legte und wie ich lernte, mit dieser Krankheit zu leben. Ich habe nicht den Anspruch, etwas von allgemeiner Gültigkeit zu verfassen, denn jede Person erlebt die Schwere des Alltags, eines Schicksalsschlags oder gar eine psychische Krankheit individuell. Auch eine ärztliche oder psychologische Sicht kann ich nicht bieten. Dafür teile ich meine persönlichen Erlebnisse und Erkenntnisse. Ich schenke Einblicke in die tiefsten und persönlichsten Momente meines Lebens. Und ich hoffe sehr, dass ich dir, lieber Leser, damit ein Licht sein kann.

Kaum zu glauben, doch auch heute sind Depression, Selbstverletzung und Suizid in unserer Gesellschaft noch Tabuthemen. Gerade deshalb schreibe ich über diese schweren Themen und leiste somit meinen Beitrag, um diese Tabus zu brechen. Es kostet mich Mut, meine Geschichte an die Öffentlichkeit zu bringen. Doch ich bin davon überzeugt, dass ein solches Buch mir in schwierigen Zeiten neuen Mut geschenkt hätte. Wenn ich also auch nur einer Person eine neue Perspektive zeigen kann, hat es sich gelohnt. Nach all den Jahren, die ich nun mit dieser Krankheit lebe, bin ich mehr denn je davon überzeugt, dass wir die Tiefen einer Depression gemeinsam und mit Gottes Hilfe überwinden können.

In diesem Buch schreibe ich außerordentlich ehrlich und offen über meine tiefsten Schmerzen und Erlebnisse. Obwohl meine Geschichte sehr ermutigend ist, könnten dich einige Themen eventuell triggern. Über die gesamte Lektüre hinweg solltest du dir dessen bewusst sein. Trotzdem möchte ich dir kurz eine Übersicht geben, zu welchem Kapitel es jeweils eine spezifische Trigger-Warnung gibt. So kannst du dich darauf einstellen oder gar ein Kapitel überspringen.

Kapitel sechs: »Selbstliebe« handelt von Selbstverletzung und wie ich lernte, diese zu überwinden. Im Kapitel acht: »Zurück in der Realität« erzähle ich davon, wie ich sexuellen Missbrauch erleben musste und meinen Weg, dies aufzuarbeiten. Auch für das Kapitel zwölf: »Ich träume von Kirche« möchte ich eine Trigger-Warnung geben. Hier schreibe ich über das Thema Suizid und wie sich durch eine Depression der Freitod plötzlich als möglicher Ausweg in die Gedanken schleichen kann.

Trotz der Schwere des Themas werden zwischendurch auch immer wieder besondere Momente der Freude und der Dankbarkeit geschildert. Du wirst beim Lesen genauso lachen wie weinen können, besonders aber will ich der Hoffnung in meinen Schilderungen einen besonderen Platz einräumen. Sie ist es, die mich durch all die Jahre getragen hat.

Seit gut zehn Jahren ist die Depression Teil meines Lebens, trotzdem leite ich eine Jugendkirche von 120 Teenagern, lebe eine aufregende Ehe und darf viele Abenteuer mit meinem starken Umfeld teilen. Wie ist das möglich, fragst du dich? Gerne teile ich mit dir, wie ich täglich meiner Krankheit den Kampf ansage und das göttliche Wunderwirken in mir zulasse.

Aller Anfang ist schwer

Mein Wecker klingelt. Wie verkatert versuche ich, irgendwie genug Energie zu finden, um das quälende Geräusch endlich abzustellen. Mein Kopf brummt. Für einen kurzen Augenblick überlege ich, ob ich mich tatsächlich übergeben muss. Ich kneife meine Augen zusammen, während ich die Schlummerntaste suche, weil mich der Bildschirm meines iPhones quälend hell anstrahlt. Endlich kann ich den schrillen Ton verstummen lassen und zurück ins Bett fallen.

Die drückenden Kopfschmerzen und die Übelkeit sind meine täglichen Begleiter geworden. Am Abend zuvor war ich nicht etwa auf einer Party gewesen, wie andere Jugendliche in meinem Alter es zu tun pflegen. Ich hatte nicht zu viel getrunken oder hatte es eskalieren lassen. Nein, meine Beschwerden kommen nicht von einem ausgelassenen Abend mit meinen Freunden. Mein Körper rebelliert aufgrund der Nebenwirkungen meiner neuen Antidepressiva.

Fürsorglich bringt mir meine Mutter einen Kaffee ans Bett und stellt den Wecker in der endlosen Schlummerschlaufe endgültig ab. Den Gedanken daran, einen weiteren Arbeitstag zu meistern, überfordert mich maßlos. Während ich meine Arbeitskleidung anziehe, steigert sich die Angst in mir. Es erscheint mir aussichtslos, die Energie aufzubringen, den ganzen Tag im Büro auszuhalten. Was, wenn ich wieder so viele Flüchtigkeitsfehler mache oder während einem Kundengespräch in Tränen ausbreche?

Mein Herz schlägt immer schneller und ich spüre meinen Brustkorb pulsieren. Ich bekomme fast keine Luft mehr. Schnell laufe ich zu meiner Mutter ins Zimmer. Kaum angekommen, beginne ich zu schluchzen aus lauter Angst davor, den Alltag anzutreten. Meine Mutter nimmt mich liebevoll in den Arm. Sie weiß, welche Gedanken mich plagen.

An diesem Tag hätte ich es unmöglich ins Büro geschafft, also habe ich mich erneut bei meinem Vorgesetzten krankgemeldet. Den ganzen Tag liege ich im Bett. Für ein kleines Mittagessen setze ich mich zu meiner Mutter in die Sonne und verschwinde dann wieder für einen Nachmittagsschlaf im Zimmer.

Diagnose: schwere Depression

In meinen frühen Jugendjahren traf mich die Diagnose einer schweren Depression wie ein Schlag ins Gesicht. Es fühlte sich an, als ob ich eines Tages aufgewacht wäre und mich jemand mit dieser Depression vergiftet hätte. In Wahrheit aber hat sich die Depression langsam in mein Leben eingeschlichen. Einige Jahre habe ich einsam und still meinen inneren Schmerz ausgehalten; ich weiß also nicht genau, ab wann man in meinem Fall von einer Depression sprechen konnte. Mit 16 Jahren fand ich endlich den Mut, einen Termin bei einem Jugendberater wahrzunehmen. Einige Termine später folgte dann die Diagnose: schwere Depression.

Es gab also tatsächlich einen Begriff dafür, wie es mir ging. Es war Schock und Erleichterung gleichermaßen. Ein Schock, weil die Diagnose neue Tatsachen schuf, mich offiziell zu einer psychisch Kranken machte. Und gleichzeitig eine Art Befreiung, denn irgendwie schien diese Diagnose mir eine Berechtigung zu geben, am Leben zu zerbrechen.

Die folgenden Jugendjahre waren maßgeblich von dieser Krankheit geprägt. Es schien, als bestimmte die Depression mein gesamtes Leben. Immer neue Symptome und Schwierigkeiten lernte ich kennen, die aufgrund dieser Depression in mein Leben traten. Es war, als entdeckte ich immer mehr in diesem für mich unerforschten Ozean der Depression.

Einen Klinikaufenthalt und einige Jahre später durfte ich dank der Gnade Gottes neue Freiheit gewinnen. Mit 19 Jahren erlebte ich eine wunderhafte Besserung meines Ergehens und genoss das Leben der Leichtigkeit, bis ich 23 Jahre alt war. In dieser Zeit durfte ich Benjamin, einen wunderbaren Mann, heiraten, mein Theologiestudium beginnen und meinen Traumjob als Pastorin in der ICF Church antreten. Die Depression war in diesen vier Jahren weit weg – als hätte es sie nie gegeben. Ich war frei, mein Leben zu gestalten, etwas aufzubauen und voller Energie und Freude teilzuhaben an diesem Leben. Ich bin nach wie vor so dankbar für diese Zeit, weil mir wieder bewusst geworden ist, wofür es sich zu leben lohnt. Wenn ich diese Atempause von Gott nicht geschenkt bekommen hätte, weiß ich nicht, ob ich die nächsten Jahre überstanden hätte.

Irgendwann kam der Punkt, an dem die Krankheit wieder ausbrach. Ob es einen Auslöser gab, kann ich bis heute nicht sagen. Auch die zweite heftige Episode kam für mich wie aus dem Nichts. Sie riss mir den Boden unter den Füßen weg. Wieder konnte ich meine Überforderung und meine Verzweiflung nicht länger kleinreden, sondern musste mich von Neuem mit dieser ernsthaften Krankheit auseinandersetzen.

Meine psychischen Schwierigkeiten konnte ich nicht mehr als pubertäre Krise abtun. Es war mehr als ein Zusammenspiel aus Identitätsfindung und hormoneller Umstellung. Meine Psychologen erklärten mir, dass die Depression für mich ein Lebens- und Wegbegleiter sein wird.

Heute ist mein Leben maßgeblich anders als in meiner Jugendzeit. Somit wirkt sich diese psychische Krankheit heute anders aus als in meinen Teenagerjahren. Ich schreibe dieses Buch nicht aus dem Blickwinkel einer Frau, die die Depression überwinden konnte, sondern als eine Person, die immer noch mitten in dieser Pfütze sitzt. Und trotzdem ist mein Leben lebenswert und ich kenne Freude und Glück. Im Unterschied zu früher fühle ich mich dieser Krankheit nicht mehr hilflos ausgeliefert, sondern führe die Depression sozusagen an der Leine. Ich habe gelernt, wie ich mit ihr leben kann, ohne mich ihr ergeben zu müssen. Und immer wieder auch wunderbare Zeiten zu erleben, wo die Schwere für ein paar kostbare Augenblicke wie weggeblasen erscheint. Dafür lohnt es sich zu kämpfen und zu leben.

Zu viele Menschen leiden immer noch still an einer psychischen Krankheit. Ob Schüler oder CEO, Frauen oder Männer, jung oder alt: psychische Krankheiten machen vor keinem halt. Wenn wir uns öffnen, unseren Schmerz und unsere Verzweiflung teilen, uns *mitteilen*, können wir uns gemeinsam dabei unterstützen, einen Weg zu mehr Lebensqualität zu finden. Es gibt Hoffnung auf ein Leben, das sich lohnt zu leben.

Ich bemühe mich in diesem Buch um eine praktische Anschauungsweise, allein deshalb, weil viele Gedanken und Gefühle so diffus und schwer zu fassen sind. Ich will dir einen Leitfaden geben, indem ich dir schildere, wie ich mit unterschiedlichen Herausforderungen der Depression umgehe. Doch nicht nur meine erlernten Tipps und Tricks teile ich mit dir, sondern auch meine tiefen Begegnungen Gottes. Gott war immer mit mir in meinen stürmischen Zeiten und sitzt mit mir in der Pfütze. Ich erlebe immer wieder, wie Gott mich tröstet und meine inneren Scherben zusammenhält.

Das gibt mir die Hoffnung, die ich gerne mit dir teilen möchte. Ich ermutige dich, nicht aufzugeben, auch wenn du schon seit Jahren im Dunkeln sitzt.

Goldlöckli

Von klein auf war ich ein fröhliches Mädchen, bekannt für meine Leichtigkeit und meine Lebensenergie. Ich kann mich nicht daran erinnern, wann ich diese kindliche Unbeschwertheit verloren habe. Gerne denke ich an meine schönen Kindheitserinnerungen und an meine Lebensfreude zurück. Immer wieder habe ich die unterschiedlichsten Spitznamen erhalten. Einer davon war »Gumpibälleli« (Gummiball oder Flummi), da ich kaum zu bremsen war vor Energie und Unternehmungslust. Ein anderer Spitzname war »Goldlöckli«, der auf den ersten Blick auf mein blondes Haar zurückzuführen ist, vielleicht aber auch auf meine goldige Art.

Meine Großmutter, Potzi genannt, wanderte während meiner Kindheit auf die thailändische Insel Koh Samui aus. Die abenteuerlichen Familienferien in Thailand bei Potzi und ihrem Mann Charly habe ich geliebt. Mit neun Jahren durfte ich sie sogar zum ersten Mal ganz allein besuchen. Kein Abenteuer war mir zu groß und so stieg ich, das kleine Goldlöckli, in das riesige Flugzeug am Flughafen Zürich. Natürlich wurde ich von einer netten Flugbegleiterin betreut. Das viel zu große Schild um meinen Hals zeigte allen Menschen im Umkreis von 20 Metern, dass ich ein allein reisendes Kind war. Ob das meine Sicherheit erhöhte, fand ich schon damals fragwürdig. Trotzdem trug ich diese Medaille nicht ganz ohne Stolz über den ganzen Reiseweg.

Die Flugbegleiterin fragte ungefähr einmal in der Stunde, ob auch wirklich alles in Ordnung sei. Ich hatte auf dem Langstreckenflug nie mehr zu bemängeln als zu wenig Snacks. Schließlich kannte ich diese Reise so gut, dass ich das Flugzeug meiner Meinung nach selbst hätte fliegen können. Charly holte mich am Flughafen Bangkok ab, sodass ich nicht allein umsteigen musste, um nach Koh Samui zu gelangen. Auch für das mutige Goldlöckli gab es Grenzen, oder zumindest für ihre Eltern.

Zusammen mit Charly flog ich also auf die zweitgrößte Insel Thailands. Ich konnte es kaum erwarten, den Strand und den Dschungel ein weiteres Mal unsicher zu machen. An diese Ferien voller Leichtigkeit und Abenteuer kann ich mich noch sehr gut erinnern. Potzi und Charly hatten sich gerade erst einen kleinen Hund zugelegt. Ying, so hieß das wilde Fellknäuel, schlief jede Nacht neben meinem Bett. Wir waren unzertrennlich. Den ganzen Tag lang spielten wir gemeinsam auf der riesigen halbrunden Terrasse Verstecken. Brav wartete Ying, bis ich mich versteckt hatte. Meistens quetschte ich mich zwischen zwei Blumentöpfe, dessen Pflanzen mich um einiges überragten, oder ich schlich hinter eine Kommode. Dann rief ich nach ihr. Schnell begann Ying ihre Suche und fand mich stets innerhalb von wenigen Augenblicken. Es war herrlich!

Einmal fuhren wir zu viert an den Strand, um im Meer schwimmen zu gehen. Die Autofahrt an sich war schon ein Abenteuer. Der Welpe und ich schwankten auf der Ladefläche des Pick-ups hin und her. Keine noch so große Bodenwelle konnte unseren Spaß bremsen. Am Strand angekommen, spielten wir den ganzen Nachmittag im Meer, jagten den Wellen nach, spritzten uns nass und genossen den Blick in die Ferne. Diese Ferien sind gezeichnet von kindlichen und schönen Eindrücken. Doch nur wenige Jahre später war mein Alltag bereits von Schmerz, Einsamkeit und Hoffnungslosigkeit getränkt. Niemand hätte geglaubt, dass ausgerechnet das strahlende, blonde Mädchen einmal so ums Überleben kämpfen müssen würde.

Jeder Tag ein Abenteuer

Die Begeisterung für Abenteuer wurde mir in die Wiege gelegt. Wenn ich mich heute mit einem Wort beschreiben müsste, dann wäre es definitiv: abenteuerlustig! Als ich noch sehr jung war, durfte ich mit meiner Familie tauchen gehen und surfen, als Teenie mit meiner Schwester Jamie Städtereisen unternehmen. Was für eine unbeschwerte Zeit das war! Diese Erinnerungen erfüllen mich mit tiefer Dankbarkeit. Wie konnte mir diese Lebensfreude zwischen den Fingern zerrinnen? Es macht mich traurig, wenn ich daran denke, was dieses Mädchen noch für schwere Jahre vor sich hat.

Meine Abenteuerlust ließ mich meinen Alltag mit vielen Dingen füllen, für die ich schnell Leidenschaft gewann. Besonders galt dies für Sport und die Kirche. Mit nur sechs Jahren begann ich das Wasserspringen und trainierte dies bis in meine Jugendjahre auf leistungssportlichem Niveau. Ich hatte eine riesige Leidenschaft für diesen eleganten Sport. Am liebsten trainierte ich jeden Tag. Ich lernte, meine körperlichen und psychischen Grenzen zu überwinden, und es entwickelten sich großartige Freundschaften in den Trainings. Viele Stunden haben wir Krafttraining absolviert, unsere Sprünge auf dem Trampolin geübt und diese schließlich im Wasser perfektioniert. Meine Begeisterung für diesen Sport war so groß, dass ich dafür immer wieder die Pfadfinder, Geburtstagsfeiern oder sogar die Schule verpasste. In dieser Zeit gehörte nichts mehr zu meiner täglichen Routine, als in der Umkleide des Hallenbades meine Kleider in meinen Spint zu schließen und meine Trainingssachen über meinen Badeanzug zu ziehen. Doch wie das beim Leistungssport so ist, waren die Erwartungen hoch. Im Nachhinein weiß ich, dass ich schlechter mit dem Druck umgehen konnte, als mir damals bewusst war.

In einem Sommer besuchte ein neuer Junge unser Training, Jan. Es gefiel ihm so sehr, dass wir noch jahrelang gemeinsam trainierten, bis ich den Sport schließlich aufgab. Mein Trainer fragte den schüchternen Jungen, ob er wisse, um was es denn in den Trainings gehe. Der Junge lächelte und meinte voller Überzeugung: »Dass wir alle Spaß haben!« Leider war das die falsche Antwort. Unser Trainer lachte laut und entgegnete: »Nein, natürlich nicht, es geht darum zu gewinnen!«

Mein erstes Training verlief sehr ähnlich. Das Erste, das ich lernte, war, dass man nur hinter dem Sprungturm weinen durfte, so konnte dies nämlich niemand sehen. Damals war mir nicht bewusst, wie oft ich tatsächlich noch hinter diesem Turm weinen würde. Manchmal weinte ich wegen der Schmerzen eines nicht gelungenen Sprunges, manchmal aus Angst vor dem nächsten Sprung oder schlicht aufgrund von Druck und Überforderung. Und auch wenn der Druck groß war: Über viele Jahre hinweg war meine Leidenschaft um einiges größer.

Was mich immer wieder überrascht, wenn ich daran denke: Seit dem Moment, als ich aufgehört habe zu trainieren, habe ich nie mehr einen Sprung von einem Sprungbrett gemacht und möglichst selten überhaupt ein Hallenbad besucht. Das war keine bewusste Entscheidung und doch scheine ich eine klare Trennung davon gebraucht zu haben. Trotz vieler schwieriger Momente hege ich noch immer große Begeisterung für diese Sportart und schaue positiv auf diese Jahre zurück. Ich habe viel fürs Leben gelernt und in all den Trainingslagern und Wettkämpfen einmalige Abenteuer erlebt.

Vorbilder entdecken

Die christlichen Pfadfinder, die *Royal Rangers*, waren auch ein wichtiger Teil meiner Kindheit. Hier durfte ich einzigartige junge Erwachsene kennenlernen, die ihr Leben ganz auf Jesus ausgerichtet hatten und voller Lebensfreude steckten. Sie waren authentisch, cool und standen unerschütterlich mitten im Alltag. Genau so wollte ich mein Leben gestalten, kompromisslos auf Jesus ausgerichtet, authentisch und geziert von spürbarer Lebensfreude.

Als meine Freundinnen und ich schließlich Leiterinnen wurden, durften wir in den Pfadfinderlagern endlich länger wach bleiben, als die Nachtruhe für die Kinder das erlaubte. Endlich gehörten wir zu den coolen Leitern. Als Leiter darf man viele Vorzüge genießen, hat dafür aber viel Verantwortung. Um das auszukosten und zu feiern, gingen wir mit allen anderen Leitern und Leiterinnen gemeinsam spät am Abend im Bodensee baden, denn wir zelteten direkt neben dem See auf einer Wiese. Uns junge Leiterinnen kostete es Mut, ins dunkle Wasser zu waten, aber das war genau mein Geschmack von Abenteuer. Die älteren Leiter meinten, wir dürften auf keinen Fall laut sein oder gar schreien, da die Kinder bereits schliefen. Wenn wir kreischten, würden wir ihnen ein Mittagessen beim *Burger King* auf dem Heimweg schulden. Also haben wir uns besonders viel Mühe gegeben, leise zu sein. Was wir jedoch nicht wussten, war, dass die älteren Leiter uns Mädels eine lebensgroße Holzfigur, die einen Indianer darstellte, in den Zelteingang stellten. Ein kleiner Scherz, um uns als neue Leiterinnen willkommen zu heißen. Als wir also nass vom Baden ganz leise in unser Zelt schleichen wollten, erstarrten wir drei Mädels vor Schreck: Da stand ein Mann in unserem dunklen Zelt! Wir alle haben uns so sehr erschrocken, dass wir nicht einmal mehr kreischen konnten. Wir rannten einfach so schnell wie möglich weg. Als wir aus dem Zelt stürzten, standen alle anderen Leiter da und fanden es unfassbar amüsant. Nach dem großen Schreck lachten wir und schmiedeten vor allem bald einen Plan, um uns zu rächen. Die Leiter waren so beeindruckt, dass wir nicht laut gekreischt hatten, dass sie uns als Wiedergutmachung selbst zum Mittagessen im *Burger King* einluden.

Wenn ich an solche Momente zurückdenke, kann ich mir das Schmunzeln nicht verkneifen. Diese Vorbilder und solche Momente haben meine Vision fürs Leben maßgeblich geprägt. Ein Leben, ganz auf Jesus ausgerichtet, ist auf keinen Fall ein langweiliges Leben nach strikten Regeln, sondern ein riesiges Abenteuer mit viel Liebe für die Menschen um sich herum. Mir wurde klar: Ich musste nicht in klare christliche Vorlagen passen, um ein Leben an Gottes Seite zu leben. Gott hat Humor und ich glaube, Späße und Streiche sind viel näher am Göttlichen Wesen, als ich bisher verstanden habe.

Jesus, mein größtes Vorbild

Schon von klein auf besuchte ich eine Freikirche. Ich liebte es dort! Ich fühlte mich wohl und schloss enge Freundschaften. An einen Morgen in der Sonntagsschule kann ich mich besonders gut erinnern. Wir Kinder hatten gerade gemeinsam einige Kinderlieder gesungen und uns brav wieder hingesetzt. Dann plötzlich kam ein Hirte zur Tür hinein. Vorne standen einige lebensgroße Holzschafe. Dieser Mann im Hirtenmantel erzählte uns, dass Jesus uns genau so nahe ist wie er seinen Schafen. Zu Hause angekommen, erzählte ich meinen Eltern sofort, Jesus habe uns in unserer Sonntagsschule besucht. An diesem Morgen, glaube ich, durfte ich eine kindliche Gottesbegegnung erleben. In diesem Moment wurde mir klar: Da ist ein Gott, der mir immer so nahe ist wie ein Hirte, der täglich, 24/7, an der Seite seiner Schafe weilt und sie beschützt.

Auch als ich älter wurde, liebte ich es, Teil dieser Gemeinschaft zu sein. Ich durfte als Jugendliche unzählige Ferienlager erleben; ob am Strand oder beim Campen, in jeden Ferien kreierten wir legendäre Geschichten. In einem Lager haben wir jeden Abend ein riesiges Lagerfeuer am Strand gemacht und einfach die Zeit miteinander genossen. In einem anderen Lager haben wir gemeinsam die Skipisten in den Schweizer Bergen unsicher gemacht. Jedes Lager schenkte Momente voller Begeisterung, die mir für immer in Erinnerung bleiben werden.

Als Jugendliche habe ich in einem Kirchenlager in Frankreich an einem Abend mit meinem guten Freund Urs (heute der Mann meiner Schwester) ein Gläschen zu viel Sangria getrunken. Eigentlich beschreibt das viele Abende von mir in vielen Lagern. Irgendwie schienen mich die Lagerregeln ziemlich kaltzulassen, aber diesen Abend habe ich besonders witzig in Erinnerung. Zu zweit versuchten wir, auf einem Fahrrad von einem Städtchen in der Nähe zurück zu unseren Bungalows zu fahren. Unser Plan ging zunächst auf: Er trat in die Pedale, ich saß auf dem Gepäckträger. Aber da die Sterne so klar zu sehen waren, schauten wir ständig nach oben und verloren schließlich das Gleichgewicht. Einige Kratzer später befanden wir uns schon auf dem Camp-Areal.

Ich kann mich nicht mehr genau erinnern, wie oft wir an diesem Abend mit dem Fahrrad umgekippt sind – jedes Mal unter viel Gelächter. Im Lager galt die Regel, dass man nicht mehr als ein Glas Wein oder Bier trinken durfte. Also bestellten Urs und ich zusammen einen Pitcher Sangria. Wenn man es genau nimmt, haben wir die Regel also nicht gebrochen. Zurück am Bungalow setzten wir deshalb unsere »Wir-sind-total-nüchtern-Gesichter« auf. Irgendwie scheinen wir überzeugend gewesen zu sein. Überraschenderweise wurden wir nicht erwischt und kamen ohne Konsequenzen ins Bett. Diesen Abend werde ich nie vergessen…

Ich kann mich an viele solche Geschichten zurückerinnern. Meine Abenteuerlust ließ selten nach. Der jugendliche Leichtsinn hat viele lustige Erinnerungen kreiert, an die ich gerne zurückdenke. In dieser Zeit durfte ich einen hoffnungsvollen und durch und durch positiven Blick auf das Leben lernen. Von klein auf war ich mit einem Leben gesegnet, in dem das Unmögliche möglich war. Ich erlebe Beziehungen, die halten, kenne Menschen mit ehrlicher Freude am Leben, besuchte die schönsten Orte der Welt und glaube an einen Gott, der meine Abenteuerlust feiert und meine Zerbrüche aushalten kann. Auch wenn die Depression immer wieder an dieser Hoffnung nagt, konnte sie bis heute diesen erlernten positiven Blick nicht zerstören.

Unzählige abenteuerliche und schöne Dinge habe ich in meinem Leben schon erleben dürfen. Seit ich zurückdenken kann, füllte ich meinen Alltag mit Dingen, für die ich große Begeisterung hatte. Mein Leben bot viel Stabilität und Sicherheit, meine Familie und mein Umfeld war stets unmittelbar beteiligt an meinem Leben, gerade deshalb habe ich mir meine negativen Gefühle nie erlaubt. Ich durfte so viele schöne Dinge unternehmen und durch meine liebevolle Familie begegnete ich überall offenen Türen. Ich war und bin privilegiert und glaubte damals, ich hätte kein Recht dazu, innerlich zu zerbrechen. Davon war ich tief überzeugt.

Schleichendes Gift

Und dann kam das Gift in mein Leben. Mit der Zeit nahm neben allen Abenteuern die Depression immer mehr Lebensbereiche in Anspruch, ohne dass ich dies damals hätte benennen können. Es ist schwierig zu definieren, ab wann ich genau an Depressionen erkrankte. Ich erinnere mich, wie ich mit ungefähr 13 Jahren emotional immer stärker abrutschte und meine Lebensenergie spürbar verloren ging. Es war gleichzeitig die Phase in meinem Leben, in der ich mich zum ersten Mal verliebte. Mit Daniel ging ich meine erste Beziehung ein, er war meine große Liebe. Doch Daniel litt an einer depressiven Erkrankung. Überforderung kannte ich bereits durch mein eigenes innerliches Chaos; zusätzlich versuchte ich nun, die Tiefpunkte meines Freundes auszugleichen. Ich übernahm die Verantwortung für sein Leben und versuchte alles, um seine Todeswünsche zu verhindern. Ständig hinterfragte ich meine Worte und Handlungen: War ich unterstützend oder könnte ich ihn vielleicht triggern? Ständig dachte ich an ihn, wie es ihm wohl gerade erging und ob er sich auch wirklich nichts antun würde.

Damals wusste ich noch sehr wenig über Depressionen. Ich hatte keine Ahnung, wie ich Daniel hätte unterstützen können. So habe ich ihn oft mit meinen Handlungen und Worten verletzt. Ich wusste es einfach nicht besser.

Auch wenn die Beziehung zu Daniel auf keinen Fall der Auslöser meiner psychischen Krankheit war, trug sie nicht gerade zu meinem Wohlbefinden bei. Daniel sprach offen mit mir über seine inneren Kämpfe und Gedanken. Ich hingegen konnte nicht zum Ausdruck bringen, wie es mir erging. Ganz im Gegenteil, ich versteckte aktiv meine Überforderung und meine Hoffnungslosigkeit. Ich wusste noch nicht, wie ich mich hätte abgrenzen können.

Eines Tages besuchten wir beide als Leitende ein Ferienlager der *Royal Rangers*. Daniel ging es zu dieser Zeit sehr schlecht und er ritzte sich. Ich war es, die seine Schnittwunden der Selbstverletzung heimlich im Gemeinschaftspavillon verarztete. Pure Überforderung. Das Zelt war auf zwei Seiten offen und der Verbandskasten frei zugänglich. Innig hoffte ich, dass jemand in den Pavillon treten und bemerken würde, wie überfordert ich mit dieser Aufgabe war. Meine Schuldgefühle und Trauer konnte ich niemandem mitteilen. Auch Daniel selbst habe ich es nicht spüren lassen. Schließlich war es meine Aufgabe, alles für ihn zu tun, das ihn irgendwie unterstützen könnte. Das dachte ich zumindest.

Heute weiß ich, dass ich diese Verantwortung nicht hätte übernehmen dürfen. Lange plagte mich die Frage, ob ich vielleicht der Grund für seine depressiven Phasen war. Meine starke innere Belastung riss mich immer weiter weg von meiner kindlichen Leichtigkeit. Ich wollte für ihn stark sein. Meine Ansprüche an mich selbst waren hoch und ich dachte, es wäre Teil meiner Aufgabe, vollumfänglich für meine große Liebe da zu sein. Diese Schwere hätte ich nicht tragen müssen. Damals schien das jedoch der einzig logische Weg zu sein. Unsere Familien versuchten auch, ihm durch diese schwierige Zeit zu helfen. Da ich sie alle nicht ahnen ließ, wie es mir erging, wurde mir oft geraten: »Du musst jetzt einfach für ihn stark sein.« Es war natürlich genau der falsche Rat. Ich hätte von Anfang an offen über meine Ängste sprechen und mir Hilfe suchen müssen.

Daniels Krankheit bot mir eine einfache Ausrede, meine eigenen Gefühle und Gedanken zu ignorieren. Daniel war mutig genug, über seine Schwierigkeiten zu sprechen und Hilfe anzunehmen. Ich wünschte, ich wäre genauso mutig gewesen. Stattdessen unterdrückte ich mein wahres Innerstes immer stärker und kümmerte mich so gut wie möglich um ihn. Solange ich noch anderen helfen konnte, ging es mir ja wohl nicht so schlecht, redete ich mir ein. Hätte ich meine innere Not nur mitteilen können!

Nach knapp einem Jahr trennte ich mich von ihm – nicht etwa, weil die Liebe vergangen war, vielmehr weil ich die Schwere nicht mehr tragen konnte. Meine Schuldgefühle für sein Ergehen nahmen zu viel Raum ein. Angst, dass er sich meinetwegen etwas antun könnte, quälte mich viel zu oft.

Kurz nach unserer Trennung begab Daniel sich in eine Klinik. Meinen Schuldgefühlen half das zwar nicht, im Gegenteil, dafür konnte ich die Verantwortung für sein Befinden nun endlich abgeben. Kurz nach seinem mehrwöchigen Aufenthalt in der geschlossenen Klinik haben wir unserer Beziehung noch einmal eine Chance gegeben. Dieser zweite Abschnitt war nicht leichter. Noch immer konnte ich meine wahre Verfassung nicht zeigen. So endete auch dieser Beziehungsversuch nach wenigen schwierigen Monaten.

Bei einem Wiedersehen viele Jahre später offenbarte mir Daniel, dass er damals bemerkt habe, dass es auch mir nicht besonders gut ging. Bestimmt war diese Zeit für ihn selbst zu schwierig, als dass er mich auf Hilfe hätte hinweisen können. Beziehungen mit Menschen, die selbst unter einer psychischen Krankheit leiden, sind in der Regel sehr problembehaftet und brauchen professionelle Unterstützung. Weder mein Ex-Freund Daniel noch ich waren uns dessen in unserem zarten Alter bewusst.

Während unserer Beziehung verreiste ich mit meiner Familie in die Ferien nach Hawaii. Diese Familienferien waren absolut traumhaft, doch mein innerlicher Schmerz verging auch im Paradies nicht. Als ich da am Infinity-Pool stand, starrte ich unbewusst mit leerem Blick in die Ferne. Die Sonne strahlte vom wolkenlosen Himmel, aber in mir drin war es dunkel. Die Gedanken, die gerade meine Aufmerksamkeit in Anspruch nahmen, waren düster. Mein Vater lag auf einer Sonnenliege neben dem Pool und rief meinen Namen. Als ich meinen Blick auf ihn richtete, war sein Gesicht gezeichnet von tiefer Besorgnis. Ohne zu zögern, legte ich ein Lächeln auf und hüpfte auf ihn zu – so automatisiert war meine Maske bereits. Niemand sollte meinen Schmerz bemerken. Seine

Besorgnis schwand sichtlich und wir bestellten uns ein erfrischendes Getränk.

Diese Geschichte hat mir mein Vater selbst erzählt. Er erinnere sich noch so gut daran, wie er meinen leeren Blick bemerkte und befürchtete, dass etwas nicht in Ordnung sei. Er habe diese Gedanken aber sofort wieder verworfen, da ich so schnell aufleuchtete, als er meinen Namen rief und ich mich wie immer strahlend neben ihn setzte. Wie das Goldlöckli, das alle in mir sahen und liebten.

Ich wünschte mir so sehr, ich hätte meinem Papa damals mein wahres Empfinden zeigen können. Doch wusste ich überhaupt nicht, welche Worte ich dafür hätte wählen sollen. Irgendwie beschrieb nichts von dem, was mir einfiel, das, was ich fühlte – weder Trauer, Wut noch Angst. Eine trübe Dumpfheit, für die mir die Worte fehlten. Was hätte ich sagen können, damit er nur annähernd hätte verstehen können, was ich empfand? Ich konnte ihm auch kein Erlebnis erzählen, das für mich schwierig war, es gab keine Worte, durch die er mich hätte verstehen können. Vermutlich ging es meinem Vater damals ähnlich, doch leider war ich noch nicht bereit dazu, mein Leiden ernst zu nehmen.

Der Ernst des Lebens

Als ich in der achten Klasse war, begann ich, mir Gedanken über meine berufliche Ausbildung zu machen. Unterschiedliche Lehrstellen haben mich interessiert und mithilfe meiner Schwester Jamie habe ich eine Handvoll Bewerbungen abgeschickt. Schnell habe ich Zusagen zu jeder einzelnen Lehrstelle erhalten, für die ich mich beworben hatte. Schließlich entschied ich mich dann aber für die Berufslehre bei einer Großbank, denn diese Ausbildung versprach Abwechslung und spannende Arbeit. Das Wasserspringen war aufgrund der Intensität für mich vor meinem Lehrbeginn vorbei, so begann ich als Ersatz, Cheerleading zu trainieren. Später versuchte ich mich auch im Parcours und im Thaiboxen, denn ich liebe Sport im Alltag.

Mit 16 Jahren begann ich also die Berufslehre auf der Bank. Über die Verantwortung, die man mir ab Tag eins zutraute, war ich begeistert. In der ersten Abteilung, in der ich für die nächsten sechs Monate eingeteilt wurde, sprach man Englisch. Gemeinsam mit meiner Ausbilderin organisierte ich Geschäftsreisen und internationale Meetings für einen *Executive Director* der Bank. Alles war neu und aufregend und eigentlich hätte es besser nicht laufen können. Doch bereits vor dem Lehrbeginn war mein Alltag immer düsterer geworden und während ich in dieser Abteilung zu arbeiten begann, spürte ich in meinem Privatleben immer größere Schwierigkeiten. Leichtigkeit und Freude fühlte ich schon lange nicht mehr wirklich. Der Alltag wurde immer anstrengender und die Erholungszeit, die ich als Ausgleich für einen Arbeitstag benötigte, wurde immer länger. Der Gedanke, dass es einfacher wäre, nicht mehr am Leben zu sein, war mir damals schon vertraut. Das Leben war so schwer; vermutlich dachte jeder Mensch am Tag einmal daran, es selbst zu beenden, dachte ich mir.

Zu diesem Zeitpunkt habe ich mir zum ersten Mal aufrichtig gewünscht, jemandem Einblick in mein Ergehen zu schenken, doch ich wusste einfach nicht, wie ich all diese Gedanken und Gefühle hätte beschreiben sollen. Ich erkannte mich selbst nicht mehr wieder. Ständig war ich erschöpft und hatte meine positive Sicht auf das Leben verloren. Bald trainierte ich keine Sportart mehr, denn ich konnte die Energie dafür nicht mehr aufbringen.

Damals konnte ich all das nicht richtig einordnen; ich dachte, dass sich meine Interessen aus Kindheit und Jugend eben im ganz normalen Rahmen veränderten – schließlich stand ich nun im Berufsleben. Die Arbeit, die Schule und meinen großen Bekannten- und Freundeskreis zusammenzuhalten, kostete mich viel Kraft. Zu viel. Zu Beginn meiner Lehre habe ich mich noch nicht aktiv zurückgezogen, doch ich verfolgte immer weniger Hobbys und unternahm immer weniger meiner so geliebten Abenteuer. Meine Gedanken wurden schwerer und ich fühlte mich schon von kleinen Aufgaben überfordert.

Das Ausprobieren von Alkohol und Partys bot sich erstaunlich gut an, um dem Alltag zu entkommen. Ich war bei jeder Party mit dabei. Besonders am Anfang hatte ich einfach Spaß daran, alle diese Dinge zu erleben. Doch irgendwann gehörten diese Feste zu meiner Strategie, um den Alltag zu überwinden. Über einige Zeit hinweg hatte ich mich so ziemlich jeden Abend mit zwei Freundinnen in derselben Bar getroffen. Eine davon, Chantal, ist noch heute einer der Menschen, die mir am nächsten stehen. Schon als ich mich von meiner großen Liebe Daniel trennte, kam sie noch am selben Abend vorbei und übernachtete spontan bei mir. Auch bei meiner Hochzeit war sie dabei und so einige Reisen haben wir gemeinsam erlebt. Unsere Freundschaft begann jedoch mit diesen Barabenden. Wir trafen uns stets in derselben Sofaecke und tranken uns durch die gesamte Karte, bis wir unser Lieblingsbier gefunden hatten. Nichts konnte uns daran hindern, das schöne Leben zu feiern. In Wahrheit aber waren wir schlicht mit dem Leben überfordert. Ablenkung von der Realität war es, was wir uns von diesen Abenden versprachen.

Ich konnte meine Hoffnungslosigkeit nicht mehr abwimmeln und fand keinen Weg, meinen inneren Schmerz zu überwinden. Noch immer plagte mich die Frage, wo ich im Leben falsch abgebogen war. Wann hatte das Gift sich in mein Leben geschlichen und wo würde ich endlich ein Gegenmittel dafür finden?

Aufgrund der vielen Feiern musste ich mich manchmal entscheiden, ob ich mit meinem letzten Geld ein Mittagessen oder doch lieber neue Zigaretten kaufte. Wie weise meine Entscheidung meistens ausgefallen ist, überlasse ich deinem Vorstellungsvermögen. Es ergab für mich keinen Sinn mehr, konstruktive Entscheidungen zu treffen, ich war sowieso innerlich verloren. Daran würden genug Schlaf und ein katerfreier Alltag auch nichts mehr ändern.

Die Frau, die am Kiosk vis-à-vis meiner Berufsschule arbeitete, kannte mich und Chantal schnell, da wir oft bei ihr Zigaretten oder Energydrinks kauften. Sie hat uns immer wieder frische Fruchtsäfte oder *Frozen Yogurt* geschenkt oder sich mit uns Raucherpausen gegönnt. Das war eine schöne Abwechslung zum alltäglichen Red-Bull-und-Zigaretten-Frühstück von Chantal und mir.

Ich war auf vielen Partys und habe nicht selten mehr getrunken, als vernünftig gewesen wäre. Dann wirkte das Leben lustig und ich konnte im Moment leben. Einige Male habe ich mir zum Beispiel den Mut angetrunken, ein Glas aus der Bar zu stehlen. Ich liebte diese Art von Adrenalinkick, denn er ließ mich spüren, dass ich noch lebendig war.

Alle diese Geschichten waren eine Mischung von jugendlichem Leichtsinn und tiefer Hoffnungslosigkeit. Mein Selbstwert war stark von Anerkennung und Annahme anderer Menschen abhängig. Auch kurze Affären gehörten dazu. Diese Bekanntschaften gaben mir für eine kleine Weile das Gefühl, begehrenswert zu sein. Die meisten der destruktiven Verhaltensweisen begannen als Spaß und aus Abenteuerlust. Erst mit der Zeit entwickelten sie sich zu Bewältigungsstrategien für das Leben.

Ein tiefer Ozean

Das kommende Jahr hielt ich mich nur knapp über Wasser. Zwar waren meine Schulnoten gut, genauso wie auch die Rückmeldungen bei der Arbeit. Von außen betrachtet war alles im Lot; niemand schien sich um mich zu sorgen. Trotzdem spürte ich, wie sich in mir ein tiefes, mir unbekanntes schwarzes Loch ausbreitete und meine Freude, Kraft und Hoffnung verschlang. Als ob mich ein schweres Gewicht in die unbekannte Tiefe des Ozeans zieht und ich mit aller Kraft versuche, nicht zu ertrinken. Die Depression hatte zur Folge, dass ich meine positiven Angewohnheiten – wie mich gesund zu ernähren, genug zu schlafen oder Ausflüge zu unternehmen – verlor. Traurig, dass ich all dies noch immer nicht in Worte fassen konnte.

Drei Jahre dauerte es, bis schließlich die Verzweiflung auch nach außen brach. Viel zu schnell ging es und meine Arbeitsleistung in der Berufsausbildung wurde drastisch schlechter. Jeden Tag empfand ich anstrengender als den zuvor und meine Konzentration sowie Motivation schwanden sichtlich. Je länger diese Phase anhielt, desto mehr merkte ich, dass ich ernsthafte psychische Probleme hatte. Dinge, die mir einst Freude bereiteten, waren mir gleichgültig oder kosteten mich einfach nur noch Kraft. Natürlich hatten auch die Menschen um mich herum zwischendurch mal einen schlechten Tag. Ich hingegen hatte ab und zu mal einen guten. Mir war klar, dass das, was ich fühlte, nichts mehr mit normalen Stimmungsschwankungen zu tun hatte.

Doch ich hatte noch immer große Scheu davor, über meine wahren Gefühle zu sprechen. Zwar war mein Leiden für mich an diesem Punkt so real, dass ich mich nicht mehr davor fürchtete, keine Berechtigung dafür zu haben. Aber ich hatte Angst davor, mich endgültig von dem glücklichen Energiebündel zu verabschieden, das ich einst war. Wenn ich meine Not ausspräche, dachte ich, dann kann ich die Augen davor nicht mehr verschließen. Es wäre dann so, als ob das Kaputte in mir Überhand gewonnen hätte. So kam es, dass ich über eine lange Zeit versuchte, das Image des übersprudelnden Mädchens zu wahren. Unzählige Male schloss ich die Türe mit einem Lächeln und brach hinter ihr leise in Tränen aus. Es schockierte mich selbst immer wieder, wie krankhaft gut ich nach außen glücklich wirken konnte und wie sehr ich es perfektionierte, leise zu weinen.

Einen Grund für meine Trauer konnte ich selten erkennen. Erst später in der Klinik habe ich gelernt, diese Trauer zu zuordnen. Etwas, das ich über mich gelernt habe, ist die Tatsache, dass ich extrem emphatisch bin. Es ist eine meiner Stärken, dass ich gut mit Menschen mitfühlen kann. Das Problem dabei ist aber, dass ich fast darin ertrinke. Was ich damit meine, erkläre ich vielleicht am besten mit einem Erlebnis beim ICF: Als Schauspielerin durfte ich Teil des Ostermusicals *C'est la vie* sein. Am Osterwochenende führten wir an drei Tagen das Musical insgesamt siebenmal auf.

Vor dem letzten Lied der zweitletzten Show passierte es dann: Plötzlich blieb mir die Luft weg und Tränen schossen mir in die Augen. »Scheiße, ich darf jetzt nicht fühlen. Ich muss als Suzette auf die Bühne treten und die letzte Choreografie tanzen«, ging es mir durch den Kopf. Schnell fragte ich eine Schauspielkollegin, ob sie ein kurzes Gebet sprechen könnte, und hopste dann sofort wieder als Suzette auf die Bühne. Als das Lied vorbei war, verbeugten wir uns und ich konnte endlich backstage verschwinden.

Die soeben unterdrückte Trauer breitete sich mit voller Wucht aus. Ich atmete viel zu schnell und kurz angebunden. Eine halbe Stunde lang weinte ich, ohne dass etwas vorgefallen war. Die Trauer war so stark, dass ich sie körperlich spürte und mich ihr hilflos ergeben fühlte.

Als ich mich langsam beruhigte, reflektierte ich, weshalb ich gerade so von meinen Gefühlen überwältigt worden war. Mir wurde klar, dass durch die Hektik der vergangenen Tage und die vielen Shows meine eigenen Gefühle keinen Platz gefunden hatten. In dieser berüchtigten zweitletzten Show sah ich viele Menschen im Publikum, deren schwierige Geschichte ich kannte. Mit einem jungen Mann, der in der zweiten Reihe saß, hatte ich in der Vergangenheit einige Dates gehabt und ihm dann das Herz gebrochen. In der ersten Reihe saß eine Bekannte mit Long Covid und neben ihr ihr Mann, der sterbenskrank war. Gleich daneben saß ein Mann, der stark körperlich beeinträchtigt und gehörlos ist. Die Kommunikation zu ihm war auch mit Gebärdensprache wahnsinnig schwer; wie einsam dieser Mann durch das Leben schreiten musste!

Alles, was sich an Stress, Angst, Aufregung, auch Freude in den vergangenen Tagen angestaut hatte, brach sich in diesem Moment Bahn. Der Anblick dieser Menschen löste in mir eine riesige Welle des Mitgefühls und der Trauer aus. Auch wenn es damals scheinbar keinen konkreten Grund für meinen plötzlichen Zusammenbruch gab, kann ich im Rückblick das Geschehene besser einordnen. Schon als Kind fühlte ich scheinbar anders als die meisten anderen. Ein Beispiel: Als junges Mädchen kannte ich diesen tollen Jungen aus meiner Kirche. Ich weiß noch genau, wie wir gemeinsam an einem Familienwochenende der Gemeinde auf einer Wasserrutschbahn spielten. Es war so schön und so lustig und ich war sehr verliebt. Also nahm ich meinen ganzen Mut zusammen und fragte ihn, ob er mit mir gehen wollte. Der Junge antwortete verlegen mit einem Ja. Ganz aufgeregt erzählte ich meiner Schwester und meinen Eltern davon und schwärmte ihnen vor, dass wir nun ein Paar waren.

Nach diesem wunderbaren Wochenende erhielt meine Mutter eine E-Mail, in der kurz erklärt stand, dass er nun wieder Schluss machen wollte. Die Mail ging an meine Mutter, da ich selbst noch keine E-Mail-Adresse hatte. Jamie und meine Mutter erklärten mir also, dass ich nun nicht mehr mit dem Jungen zusammen sei. Ich war schrecklich traurig. Wir hatten doch so viel Spaß zusammen gehabt! Anstatt meinen Gefühlen freien Lauf zu lassen, bat ich meine Mutter, dort anzurufen und ihm mitzuteilen, dass er nicht traurig sein muss, weil er mich traurig gemacht hatte.

Schon damals versuchte mir meine Mutter zu erklären, dass ich einfach traurig sein durfte, ohne mir Gedanken zu machen, wie meine Trauer sich auf andere auswirkt. Heute, da ich mich besser kenne und weiß, wie sehr mein Herz mit den Gefühlen anderer mitleidet, kann ich meine Trauer einordnen. Doch dieses Verständnis für mich selbst kam erst viel später.

Doppelleben

Wie konnte ich jemandem erzählen, wie zerbrochen ich war, wenn ich nicht einmal wusste, weshalb? So lebte ich ein Doppelleben.

Nach außen war ich die fröhliche und schöne junge Frau, innerlich war ich ein verzweifeltes und einsames Mädchen. Es kostete mich unglaublich viel Energie, das Bild, dass alles in bester Ordnung sei, aufrechtzuhalten. Mit der Zeit kamen zur Trauer eine innere Leere, Antriebslosigkeit, Konzentrationsschwierigkeiten, Verzweiflung und Todeswünsche hinzu.

Im zweiten Lehrjahr vermutete mein damaliger Vorgesetzter, Alexander, dass es einen Grund hinter der Verschlechterung meiner Konzentration und Arbeitsleistung geben müsse. Ich hatte schon einige Abteilungswechsel gemeistert und konnte bisher mit meiner Leistung brillieren, doch innerhalb weniger Wochen sank diese rapide. Ich machte Flüchtigkeitsfehler, konnte mich nicht auf meine Aufgaben konzentrieren, war von Kleinigkeiten überfordert. Also suchte er das Gespräch mit mir.

Wir saßen uns im Sitzungszimmer gegenüber an diesem runden, grauen Holztisch und ich klammerte mich an meinem Notizbuch fest. Schnell realisierte ich, dass ich meinen Block wohl nicht brauchen würde, denn Alex begann unser »Meeting« mit nachdenklicher Stimme: »Janice, was ist eigentlich los bei dir?« Sofort schossen mir die Tränen in die Augen. »Eine so starke Verschlechterung der Konzentration in solch kurzer Zeit muss doch auf irgendwelche Umstände zurückzuführen sein.« Natürlich ging weder er noch ich von einer schweren Depression aus. Er fragte weiter: »Ist in deiner Familie alles in Ordnung? Hast du zu viel Stress oder Erwartungsdruck in deinem Umfeld? Brauchst du vielleicht bei irgendetwas Hilfe? Bitte sprich mit mir.«

Endlich! Endlich wurde ich konfrontiert. Was für eine Erlösung! Wie lange ich diesen Kampf allein noch überlebt hätte, weiß ich nicht. Vermutlich verdanke ich Alex mein Leben. Ich brach in Tränen aus und teilte ihm schluchzend mit: »Es geht mir wirklich nicht gut.« Viele Worte habe ich nicht gefunden, aber immerhin konnte ich das erste Mal zugeben, dass ich seit langer Zeit weder fröhlich noch unbeschwert war.

Alex hatte zu diesem Zeitpunkt keine Ahnung, wie sehr er ins Schwarze getroffen hatte. Erst viele Jahre später erfuhr er, wie entscheidend unser damaliges Gespräch für mein Wohlergehen war. Wir blieben in Kontakt und haben uns die kommenden Jahre immer mal wieder auf ein Bier im schönen Zürich getroffen. Eine echte Freundschaft entstand. So war auch er Gast auf meiner Hochzeit. Erst da offenbarte ihm meine Mutter, dass ich tatsächlich nur dank ihm damals Hilfe annahm.

Dieses Gespräch war einer der größten Wendepunkte meiner Krankheitsgeschichte, obwohl es sich für mich in diesem Sitzungszimmer gar nicht danach anfühlte. Zu Hause angekommen, kämpfte ich lange mit dem Gedanken, wirklich Hilfe anzunehmen. Wie konnte mir jemand helfen, wenn ich nicht einmal verstand, was mein eigentliches Problem war? Dass es für mein Empfinden eine Diagnose gab, konnte ich mir nicht vorstellen. Ich fühlte mich, als sei ich kaputt oder einfach zu schwach für das Leben.

Zu Hause erzählte ich meinen Eltern von dem Gespräch mit Alex. Um mich zu unterstützen, suchte mir meine Mutter Hilfsangebote für Jugendliche aus dem Internet heraus. Tatsächlich gab es im Umkreis meines Wohn- und Arbeitsortes einen kostenlosen Jugendberater. Meine Verzweiflung war groß genug, trotz meiner Angst einen Termin zu vereinbaren. Meine Familie konnte sich das Ausmaß meiner Not bei Weitem nicht vorstellen. Sie hielten das Gespräch für eine gute Idee und meinten unbesorgt, es könne nichts schaden. Noch immer hatten sie keine Ahnung, wie sehr ich die vergangenen Jahre gelitten hatte und welch düstere Gedanken meine Nächte füllten. Wie sagt man seiner Familie so etwas, nachdem man so lange geschwiegen hat? Irgendwie war es doch komisch, nach all der Zeit damit rauszurücken, dass ich schon lange ohne Freude lebte.

Ein mutiger Schritt

Der Jugendberater hatte schnell Zeit für mich. Diesen Termin wahrzunehmen, war wohl das Mutigste, was ich bis zu diesem Zeitpunkt je tat. Mit Haifischen tauchen ist dagegen ein Klacks, auch Klettersteige in 600 Meter Höhe sind dagegen gar nichts. Mich tatsächlich in dieses Gebäude hineinzuwagen, kostete mich meine ganze noch vorhandene Kraft. Ich stand da, vor diesem schön verzierten, alten Haus. Allein beim Anblick des Schilds überkamen mich Schuldgefühle. Andere Jugendliche mit echten Problemen brauchten vielleicht genau diese Sprechstunde, die ich nun besetzte. »Tief durchatmen und Stufe für Stufe zum Eingang hinauf«, sagte ich mir. Ich nahm die Klinke in die Hand und trat durch die Tür.

Nun hatte ich die größte Hürde geschafft. Also entschied ich mich, ganz ehrlich zu erzählen, was ich fühlte und dachte. Bei diesem Termin gelang es mir das erste Mal, meinen Schmerz in Worte zu fassen und diesen jemandem mitzuteilen. Der Termin war genau, wie ich es mir vorgestellt hatte. Ich trat in ein Zimmer mit zwei großen bunten Sesseln. Die Fenster waren geschlossen. In der Mitte des kleinen Beistelltisches stand eine Packung Taschentücher.

Nach einer kurzen und distanzierten Begrüßung gab mir der Berater die Wahl, auf welchen der zwei Sessel ich mich setzen wollte. Abgesehen von seinem Familiennamen wusste ich nichts über diesen Mann, der erstaunlich jung aussah. Vielleicht war es genau die Distanziertheit, die mir half, mich zu öffnen. Vielleicht war ich aber auch einfach tief genug in meine Depression versunken.

Mir war bewusst, dass er dazu ausgebildet war, mit meinen schweren Gedanken umzugehen. Zudem hatten wir keine persönliche Verbindung zueinander, wodurch er einfacher nach seiner Arbeit unbelastet nach Hause gehen konnte. Diese Gedanken waren für mich aufgrund meiner starken Empathie wichtig. Endlich konnte ich reden: »Nichts hält mich noch in diesem Leben, alles ist düster und sinnlos.«

Es fühlte sich unglaublich gut an, endlich mit allem rauszurücken, was in meinem Kopf schwirrte! Der Jugendberater nahm mich ernst und sah meine Not. Irgendwie erstaunte mich das. Ich dachte, dass ich vielleicht doch so fühlen durfte, wie ich es schon lange Zeit tat.

Der Jugendberater empfahl mir eine ganzheitliche Betreuung. Er erklärte mir, was er damit meinte: »Vielleicht werden Sie im Prozess der Betreuung neben regelmäßigen Gesprächsterminen auch noch Medikamente zur Unterstützung Ihrer Psyche benötigen. Um dies abzuklären, sollten Sie Ihren Hausarzt konsultieren. Für die kommende Zeit können Sie bei mir weiterhin wöchentlich Termine wahrnehmen. So müssen Sie diese schwierige Zeit nicht ohne Hilfe durchstehen.«

Ich fühlte mich seit langer Zeit zum ersten Mal wieder etwas erleichtert. »Die schwierige Zeit mit Hilfe durchstehen« – ich befand mich also wirklich in einer schwierigen Zeit und es gab dafür sogar auch noch Hilfe. Sofort war mir bewusst: Jede Hilfe, die es gibt, werde ich in Anspruch nehmen. So wie bisher konnte es nicht mehr weitergehen. Wie diese Hilfe aussehen konnte, habe ich damals noch nicht verstanden. Medikamente und Gespräche konnten ja wohl mein Inneres nicht verändern. Doch ich war gewillt, es zu versuchen.

Dann kam mir ein anderer Gedanke: Wie sollte ich das meinen Eltern erzählen? Sie meinten ja noch immer, dass alles nicht so schlimm sei. Nun sollte ich wöchentliche Termine bei diesem Jugendberater wahrnehmen und ein erstes Gespräch mit meinem Hausarzt führen. Es würde ziemlich schwierig werden, ihnen das verständlich zu erklären. Ich schickte eine kurze WhatsApp im

Familienchat: »Das Treffen verlief gut, werde nun einen Termin mit meinem Hausarzt vereinbaren.«

Zu Hause angekommen, erzählte ich meinen Eltern das erste Mal, dass es mir nicht gut gehe. Vieles brachte ich nicht über meine Lippen. Dass ich mich selbst verletzte und suizidale Gedanken hatte, verschwieg ich. Gestern hatten sie schließlich noch ein unbeschwertes Mädchen zu Hause und heute brauchte eben dieses Mädchen professionelle Hilfe. Das allein musste schockierend genug sein. Ich wollte sie nicht direkt überfordern mit dem tiefen Abgrund in mir.

Natürlich wollte meine Familie mich unterstützen. Meine Eltern ermutigten mich, den Termin mit meinem Hausarzt wahrzunehmen. Gleich am nächsten Tag machte ich mich auf den Weg in seine Praxis. Für mich war es seltsam, diesem Mann, den ich von klein auf kannte, nun meine intimsten Gedanken und Gefühle zu offenbaren, die selbst meine engsten Vertrauten nicht kannten. Aber wie zuvor dem Jugendberater sprach ich offen mit dem Arzt über die Selbstverletzung und die Suizidgedanken. Wie froh ich war, als ich mich auch von meinem Hausarzt ernst genommen fühlte!

Gemeinsam suchten wir eine Lösung, wie es weitergehen sollte. Er leitete mich zu einer Psychiaterin weiter. Bereits am nächsten Tag erzählte ich zum dritten Mal vollumfänglich über mein Ergehen. Leider war dieses Erlebnis nicht so positiv wie die beiden Gespräche zuvor. Zu diesem dritten Termin begleiteten mich meine Eltern. Sie warteten im Vorzimmer. Nach dem ausführlichen Gespräch mit der Psychiaterin offenbarte diese mir, dass sie gegenüber meinen Eltern nicht unter der Schweigepflicht stehe. Da ich noch nicht volljährig sei, müsse sie meinen Eltern mitteilen, was ich ihr erzählt habe. Was für ein Schock!

Sie ließ mir die Wahl, ob ich ihnen selbst von den Selbstmordgedanken erzählen wollte oder ob sie dies für mich übernehmen solle. Wow. Innerhalb weniger Augenblicke würde das Bild zerbrechen, das ich so lange aufrechtzuhalten versucht hatte. Ich selbst konnte diesen Schritt nicht machen. Wie sollte ich dabei meinen Eltern in die Augen sehen?

So berichtete diese fremde Frau meinen Eltern über die Tragik meines Leidens. An diese Situation erinnere ich mich sehr genau. Die Konstellation, in der wir auf den kleinen bunten Kinderstühlen um den runden Tisch saßen: meine Mutter links, mein Vater rechts von mir. Ich schwieg und versuchte, es über mich ergehen zu lassen.

Dieser Termin war eine Tragödie. Natürlich war es ehrlicherweise im Nachhinein gut, dass meine Eltern endlich Bescheid wussten, und doch war dies für mich ein Vertrauensbruch. Diese Woche war unglaublich anstrengend und herausfordernd für mich gewesen. Ich hatte noch nie über meine wahren Gefühle oder Gedanken gesprochen und auf einmal war es das Einzige, worüber ich sprechen musste. Nach so langer Zeit wusste meine Familie nun endlich Bescheid. Für alle war klar, dass ich Unterstützung brauchte. Trotz völliger Überforderung war meine Familie bereit, mich bei jedem Schritt zu unterstützen. Zu der Frau, die alles ausplauderte, wollte ich nicht zurück. Allerdings ließ sich das zumindest für die Einstellung der Medikamente nicht vermeiden. Für meine wöchentlichen Gesprächstermine durfte ich jedoch zum Jugendberater gehen, bei dem ich mein erstes Gespräch hatte. Er begleitete mich von da an für viele Jahre wöchentlich. Bei ihm habe ich mich wohlgefühlt und ihm vertraut. Im Verlaufe meiner Therapie bei ihm eröffnete dieser Jugendberater seine eigene Praxis als Psychologe. Ich durfte als erste Patientin meine Therapie in seiner Praxis weiterführen.

Die graue Decke über mir

Für mich fühlt sich meine Depression so an, als ob ich mit einem Prozent Akku durchs Leben schreite. Ständig habe ich Angst, dass das letzte bisschen Energie gleich aufgebraucht ist und ich einfach »ausgehe«. Dieses eine Prozent hält, wie auch bei Handys, erstaunlich lange. Trotzdem berechne ich andauernd, wann meine Energie endgültig vergehen könnte.

Oft höre ich in solchen Phasen Sätze wie: »Denk einfach positiv, das kommt schon wieder.« Mir ist bewusst, dass Sätze wie dieser als Ermutigung gemeint sind. Trotzdem klingen sie für mich wie leere Floskeln und bei mir kommt lediglich an, wie wenig diese Person tatsächlich über Depressionen weiß, geschweige denn mein Leiden versteht. Es macht, dass ich mich einsam fühle und alleingelassen mit meinen Problemen.

Depressionen sind nicht gleichzusetzen mit normalen Reaktionen auf unsere Gefühle in schwierigen oder anstrengenden Situationen. Diese Krankheit betrifft mehr als nur den emotionalen Aspekt. Vielmehr hat sie Auswirkungen auf den ganzen Menschen. Andere Symptome wie Antriebslosigkeit oder Konzentrationsschwäche halten manchmal über lange Zeit an und können sehr intensiv sein. Selten ist so ein Zustand nach wenigen Tagen überwunden. Meist sind es quälend lange Wochen, in denen man sich dem Leben nicht gewachsen fühlt.

Meine Wahrnehmung von positiven Gefühlen schwand immer stärker, zugleich machten sich Traurigkeit und Hoffnungslosigkeit immer stärker bemerkbar. Die Traurigkeit umhüllte mich wie Watte. Alles Schöne und Gute wurde und wird auch heute noch davon abgedämpft. Das merke ich besonders an Tagen, die zum Feiern gedacht sind, wie die Abschlussfeier für meinen Bachelor of Arts in Theologie. Gerade zu solchen Anlässen spüre ich, wie sehr meine innere Welt zerbrochen ist. Nicht annährend kann ich mich über meinen Erfolg freuen, geschweige denn mich nach feiern fühlen. »Janice Braun«, schallte es an diesem Tag durch das Mikrofon. Ich schritt durch den Gang nach vorne, nahm das Diplom entgegen und lächelte für ein Foto in die Kamera. Wie künstlich sich dieses Lächeln anfühlte! Anstatt mich zu freuen, schossen mir düstere Gedanken durch den Kopf: »Meine Welt ist hoffnungslos kaputt und daran wird auch ein Diplom nichts mehr ändern.«

In solchen Momenten spüre ich die Trauer wie eine schwere Last auf meinem Brustkorb. Mein Herz fühlt sich an wie zersplittert, als ob ich die Trauer physisch spüren könnte. Damals bei der Abschlussfeier konnte nicht anders als weinen. Fast schon schluchzend saß ich wieder auf meinem Platz, umgeben von meiner Familie. Dieses Mal war mein Weinen anders. Es waren nicht einzelne stille Tränen, die mir über die Backen rollten, ich heulte. Da ich mich nicht mehr richtig fassen konnte, schlich ich auf die Toilette, tupfte mein Gesicht trocken und widmete mich einer Achtsamkeitsübung.

Ich hielt mich am Rand des Waschbeckens fest, stellte mich aufrecht hin und schloss meine Augen. Bewusst atmete ich bis in den Bauch. Tief einatmen. Ruhig ausatmen. Innerlich sagte ich mir: »Der Boden unter meinen Füßen trägt mich und gibt mir Stabilität.« Oftmals hilft es mir, meine Gedanken auf meine Atmung und mein Körpergefühl zu richten, doch an diesem Tag fiel mir das besonders schwer. Plötzlich stand mein Mann Benjamin neben mir und schaute mich voller Liebe an. Er sagte nichts. Sofort merkte ich, dass er einen kleinen Einblick in die Tiefe meiner Not hatte, und die Tränen schossen mir direkt wieder in die Augen. Benjamin fragte mich, ob er mich umarmen könne. Mir war bewusst, wenn ich jetzt in seinen Armen versinken darf, dann kann ich meine Trauer nicht länger zügeln und mich gefasst dem Apéro sowie dem Abendessen widmen. Die Umarmung lehnte ich also ab, trocknete erneut meine Tränen und sagte zu Benjamin: »Danke, Liebling, ich versuche, mich gerade wieder zu fangen. Wir können heute Abend darüber sprechen.«

Auf der Heimfahrt erzählte ich ihm, wie krank ich mich fühlte, wenn ich an solch frohen Tagen diese Trauer nicht abwimmeln kann. Der Apéro und auch das Abendessen verliefen ohne einen weiteren Zusammenbruch und mit meiner Familie durfte ich so sein, wie ich mich fühlte – nachdenklich.

Einsamkeit und Leere

Die Trauer ist oft begleitet von einer Leere und auch von Einsamkeit. Diese Einsamkeit scheint mir so unfassbar unlogisch. Benjamin und ich pflegen eine emotional sehr nahe Beziehung und auch mein Umfeld ist durch und durch positiv. Trotzdem kann ich mich in einem Raum voller Freunde schrecklich einsam fühlen. Vielleicht hat es damit zu tun, dass niemand, der nicht selbst schon einmal eine Depression erlebt hat, mich wirklich verstehen kann. Es scheint egal zu sein, wie viele Worte ich verwende: Die wenigsten wissen wirklich, wie es mir ergeht.

Doch nicht nur meine Gefühle spielen mir einen Streich, auch meine Konzentration lässt stark nach. Manchmal reißen meine Gedanken einfach ab, sogar mitten im Satz. Vom einen auf den anderen Moment vergesse ich, was ich gerade erzählte. Mein Gegenüber findet das dann meistens eher witzig als besorgniserregend. Die Antriebslosigkeit und die schwindende Kraft kann ich am besten mit einer schweren, grauen Decke über mir beschreiben. Diese Decke drückt mich ständig runter. Manchmal stolpere ich zusätzlich noch über die Enden der Decke. Ich verliere mich in Grübeleien und mache mir Sorgen um alles, was da kommt: Wie verläuft das restliche Jahr, kann ich eine Freizeit planen oder befinde ich mich im Sommer vielleicht gerade wieder in einem schweren Tief? Die Unberechenbarkeit meiner Krankheit macht mich unsicher und nimmt mir den Glauben an meine eigenen Fähigkeiten. Mir misslingen Dinge, die ich eigentlich gut kann, Zusammenhänge kann ich nicht mehr schnell entdecken und meine Organisation ist oft nicht mehr so detailliert und ausgeklügelt. Ständig bin ich erschöpft und stehe neben mir. Egal, wie viele Stunden ich schlafe oder mir Pausen gönne, die Antriebslosigkeit kann ich einfach nicht abschütteln. Dabei scheint es irrelevant, ob ich früher Freude an meinem Vorhaben hatte oder nicht, ich kann mich einfach nicht dazu aufraffen.

Besonders in meinen Jugendjahren hatte ich ein spezielles Talent dafür, Schuldgefühle zu entwickeln. Für die kleinsten Dinge fühlte ich mich schuldig und war nicht mehr dazu in der Lage, von dieser Annahme Abstand zu nehmen. Ich konnte einer Freundin doch nicht einfach absagen oder ihr meine Hilfe für ihren Umzug nicht anbieten! Dafür müsste ich die Kraft doch aufbringen können, alle anderen konnten das ja auch …

Durch solche Gedanken sehe ich mein Selbstbild manchmal stark verzerrt. Genau in diesen Zeiten kann ich meine Stärken nicht mehr erkennen, geschweige denn glauben, was andere in mir sehen. Alles an mir scheint ungenügend und ich kann in nichts mehr brillieren. So zumindest nehme ich mich dann im Alltag wahr.

Schon als Kind hatte ich große Schwierigkeiten einzuschlafen, stundenlang lag ich wach. Mit der Depression wurden diese Stunden noch viel schwerer auszuhalten. Im Schlaf konnte ich endlich allem entfliehen und wenigstens ein wenig neue Kraft tanken. Aber wenn ich mich in einem Tief befinde, kreisen gerade am Abend meine Gedanken um Schuldgefühle, Ängste und früher oft auch um Todeswünsche.

Ein weiterer Aspekt sind die körperlichen Beschwerden. Gerade zu Beginn machten mir die Nebenwirkungen der Medikamente schwer zu schaffen. Ich litt oft unter Kopfschmerzen und nahm an Gewicht zu. Mittlerweile ist es umgekehrt: Mit meinem aktuellen Medikament habe ich das Hungergefühl gänzlich verloren. Deshalb fällt es mir schwer, regelmäßig zu essen und mein Gewicht zu halten. Mir ist bewusst, dass mein Körper und auch meine Psyche gesunde Ernährung brauchen, gerade aufgrund meines Ausnahmezustandes, der Depression. Doch ohne ein Hungergefühl, das einen daran erinnert zu essen, ist es an einem stressigen Tag mit vielen Sitzungen und Verabredungen schwierig, daran zu denken und sich dafür die Zeit zu nehmen. Oft denke ich sogar daran, dass ich etwas essen sollte, doch meine Antriebslosigkeit macht es mir unmöglich, etwas zu kochen. So blicke ich kurz in den Kühlschrank und wenn ich nichts entdecke, was ich gleich verschlingen kann, schließe ich die Tür und begebe mich wieder in meinen Alltag.

Es gibt Tage, da erkenne ich mich selbst nicht wieder. Die Kombination dieser vielen Nebenwirkungen füllen meinen ganzen Tag. Dann fühlt es sich so an, als ob die Depression meine ganze Persönlichkeit überdeckt. Ich frage mich in diesen Situationen, wo ich auf der Strecke geblieben bin. Ich nehme mich selbst oftmals nur noch als die Depressive wahr, zu schwach für das Leben. Doch ich darf mich nicht von der Krankheit definieren lassen. Die Depression unterdrückt zeitweise meine Stärken oder verfärbt meine Sicht, aber unter der schweren Decke der Depression bin immer noch ich.

Solltest auch du mit dieser Krankheit kämpfen, will ich dir an dieser Stelle Mut machen: Die Diagnose ist vielleicht Teil deines Lebens, niemals aber definiert sie dich als Person. Behalte im Kopf, dass du viel mehr bist als deine psychischen Schwierigkeiten. Gott hat dich mit so vielen Gaben und Talenten ausgestattet, hat dich sportlich, kreativ, liebevoll, humorvoll oder intellektuell erschaffen. Das alles ist noch da! Du trägst all das auch weiterhin in dir. Du darfst darauf vertrauen, dass immer wieder Zeiten kommen, in denen du zeigen kannst, wie du wirklich bist. Verliere nicht die Hoffnung! Auch die dunklen Tage gehen vorbei. Die Traurigkeit, die Leere in dir sind Teil der Krankheit, nicht deiner Persönlichkeit.

Die Depression hat den Kampf nicht gewonnen und mich niemals ganz verschlungen. Ich bin noch immer Janice, sogar noch immer das Goldlöckli. Ja, ich leide unter einer Krankheit, die sich bei mir eingenistet hat. Aber meine genauso wie deine Identität ist von Gott geformt und die Depression kann das nicht zerstören. Von dieser Wahrheit bin ich heute tief überzeugt, auch wenn es sich nicht immer so anfühlt. Doch dass meine Gefühle oft trügerisch und sehr subjektiv sind, durfte ich auf meinem Lebensweg lernen.

Es fällt mir oft schwer, die Linie zu ziehen, wer ich bin und welche meiner Wesenszüge und Verhaltensweisen zur Krankheit gehören. Mein Herz zerbricht beispielsweise an vielen Ungerechtigkeiten in unseren Kirchen. Ist diese Sicht ein göttlicher Blick für mögliche Veränderung oder verfärbt meine Krankheit meinen Blick hin zu pessimistischer Wahrnehmung? Auch meine direkte Art lässt mich manchmal fragen, ob Gott mich wirklich so kreiert hat oder ob ich einfach am Leben zerbrochen bin und es zu meiner

Strategie geworden ist, laut und zynisch zu sein, um damit umzugehen. Hier kann mir nur Gottes Weisheit helfen. Das Schöne daran: Es macht mich wahnsinnig abhängig davon, in der Nähe Gottes zu verweilen.

Oft frage ich Gott im Gebet: »Wie um Himmels willen hast du mich erschaffen, Vater? Was ist das Gold in mir?« Eines weiß ich: Die Herausforderungen im Leben oder eben eine psychische Krankheit können nicht das Göttliche in mir zerbrechen, denn Gott formt mich in seinen Händen während meines Lebenswegs immer weiter. So oft habe ich über mich gedacht, dass ich kaputt sei. Doch während meine Depression mich beinahe komplett verbog, ließ Gott mich niemals los. Stattdessen hat er mich liebevoll stetig weiter zurechtgerückt und wunderbar geformt. Einige Stärken, die ich heute habe, sind gerade während dieser formenden Zeit Gottes während meiner Depression entstanden.

Auch mit einer schweren Erkrankung als Wegbegleiter ist es möglich, mit Lebensqualität zu leben. Natürlich erfordert das viel Kraft, Weisheit und Disziplin. Genau da brauche ich immer wieder göttliche Hilfe. In der Bibel heißt es in 2. Korinther 12,9, dass Gott in unserer Schwachheit stark ist. Jeden Tag, wenn ich meine Medikamente einnehme, bin ich mit meiner Schwäche konfrontiert. Und gleichzeitig wird mir jedes Mal bewusst: Die Stärke Gottes ist mein täglicher Begleiter.

Unsere Erschöpfung ist Gott nicht fremd, ganz im Gegenteil! In der Bibel finden wir unzählige Versprechen in Zeiten der Not. Jesaja 40 hilft mir, meinen Blick auf einen Gott zu richten, bei dem ich erschöpft, zerbrochen und hilflos sein darf, denn er verspricht, mir als mein Versorger die nötige Kraft zu schenken.

Endlose Müdigkeit

Müdigkeit allein beschreibt nicht, was ich empfinde, wenn ich es nicht aus dem Bett schaffe. Vielmehr ist es, als wären alle meine Glieder zentnerschwer oder als hätte die Schwerkraft sich über Nacht verdreifacht. Ich bin wie gelähmt, unfähig, mich aufzurichten und den Tag zu beginnen. Besonders in der Lehrzeit klingelte mein Wecker morgens endlos in der Schlummerschlaufe. Ich war nicht nur müde, sondern schlicht überfordert mit dem Gedanken, einen weiteren Tag durchzustehen. Ohne die Hilfe meiner Mutter hätte ich es wohl noch seltener aus dem Bett geschafft. Nach einigen Schlummerrufen meines Weckers trat sie mit einer großen Tasse Kaffee in mein Zimmer. Weil ich stets dankbar für ihre Unterstützung war, habe ich ihr am Abend zuvor immer mitgeteilt, wann ich aufstehen musste. Sie begegnete mir mit einigen ermutigenden Worten, die ich so früh morgens aber noch nicht aufnehmen konnte. Sie rollte die Jalousien hoch, um die Morgensonne in mein Zimmer zu lassen, und setzte sich auf den Bettrand. Dann wartete sie einfach ab.

Irgendwann setzte ich mich im Bett auf und starrte meine Zehenspitzen an. Allein der Gedanke, meinen Hosenanzug anzuziehen, in den Bus zu steigen und meine Teamkollegen bei der Arbeit zu grüßen, überforderte mich – geschweige denn der Gedanke an die alltäglichen Dinge, die danach unweigerlich folgen würden.

An manchen Tagen konnte ich mich nicht ins Büro zwingen. Bevor ich meinen ersten Kaffee ausgetrunken hatte, brach ich bereits in Tränen und Angstzustände aus. Manchmal gelang es mir trotzdem, mich ins Büro zu kämpfen, auch wenn mein Tag mit einem mentalen Breakdown startete. Irgendwie stimmte es mich dann noch trauriger, dass im Büro meine Teamkollegen keine Ahnung davon haben konnten, wie viel Kraft und Mut es mich bereits gekostet hatte, bei der Arbeit aufzutauchen. Im Alltag vergaß ich dann oft, Dokumente unterzeichnen zu lassen, und begann, Unmengen von Rechtschreibfehlern in meine E-Mails einzubauen. Für meine schlechte Arbeitsleistung habe ich mich damals sehr geschämt. Ich entwickelte eine tiefe Angst davor, wieder einen »unnötigen« Fehler zu machen.

Damals war mir nicht bewusst, dass diese Konzentrationsschwierigkeiten ebenso wie auch die Müdigkeit Teil meiner Erkrankung sind. Ich durfte erschöpft sein. Flüchtigkeitsfehler durften passieren, nur habe ich mir das damals nie erlaubt. Heute bin ich noch immer schnell erschöpft und ich brauche unglaublich viele Stunden an Schlaf. Aber ich weiß: Ich darf müde sein und viel schlafen, denn es ist anstrengend, an einer Depression zu leiden.

In meinem gesamten Umfeld ist bekannt, dass Janice zu jeder Zeit verschlafen kann. Meine Bekannten belächeln meine Schläfrigkeit oftmals. Einmal verschlief ich eine Sitzung, da ich zu spät von meinem Nachmittagsnickerchen erwachte. Ich habe auch schon einen geplanten Gruppenanruf mit Freundinnen abends um zwanzig Uhr verschlafen, da ich bereits um neunzehn Uhr ins Bett gegangen war.

Obwohl ich irgendwann gelernt habe, über meine Bedürfnisse zu sprechen (besser spät als nie!), weiß ich, dass viele Menschen in meinem Umfeld mich nur schwierig einschätzen können. Ich weiß, meine Freunde nehmen mich ernst, doch meist wirke ich stärker, selbstbewusster und zufriedener, als ich es eigentlich bin. Gerade deshalb ist es mir wichtig, über meine inneren Kämpfe zu sprechen. Nur so gebe ich den Menschen, die mir wichtig sind, überhaupt eine Chance, etwas von meinem Inneren nachzufühlen und zu verstehen.

Mit deiner Depression bist du ein liebenswerter und einzigartiger Mensch. Nicht erst, wenn du wieder gesund bist oder es dir besser geht, sondern genau heute, jetzt in diesem Augenblick. Die Wahrheiten der Bibel gelten heute genauso für dich, während du noch in der Pfütze sitzt, wie in den Zeiten, die dir noch bevorstehen als gesunder Mensch. Du bist von Gott gewollt und er möchte das Leben mit dir feiern. Der Prozess, den psychische Krankheiten mit sich bringen, zielt nicht in erster Linie darauf ab, sofort wieder als gesund zu gelten, sondern auch mit der Krankheit das Schöne in sich und im Leben zu entdecken und zu entfalten. Dies scheint mir oft unmöglich und doch ist es in meinem Leben dank Gottes Gegenwart möglich.

Schnitte ins Herz

Während der Phase meiner Bachelorarbeit schlenderte ich über die Gänge der Schule, da kam mir mein Fachmentor Dave entgegen. Er war zugleich auch ein Studienleiter an der Schule. Schon seit Beginn meines Studiums war ich begeistert von David. Sein breites Wissen der Theologie und zugleich sein gradliniger Lebensweg faszinierten mich. Unbedingt wollte ich, dass er genauso von mir denkt, dass er sah, wie reflektiert und klug ich bin. Leider tendiere ich gerade in solchen Fällen dazu, mich ziemlich dumm anzustellen. So war es auch der Fall bei Dave, meinem großen Vorbild und gleichzeitig Betreuer meiner Bachelorarbeit.

Ich lief ihm also auf dem Flur entgegen und wollte mich verabschieden. Ich lächle und sage: »Tschüss, Dave, ich wünsche dir noch eine angenehme Woche.« Dave lächelte mich an und hob die Hand. Noch immer begleitete uns die Covid-Pandemie, also hielt er sich aufgrund der Abstandsregelung ganz links an der Wand vom Gang und ich ganz rechts. Sein Handheben irritierte mich; keinesfalls wollte ich ihm einen Korb für einen Highfive-Versuch geben! Also hüpfte ich vier große Schritte in seine Richtung, um unseren Covid-Abstand aufzuheben, und schlug ein. In der Sekunde unseres Handschlags realisierte ich aufgrund seines Blickes, dass sein Handheben wohl eher ein Winken als ein Handschlag gewesen war.

Ich lief weiter, als sei nichts passiert, aber sofort überkam mich die Scham. Wie konnte ich meinem Fachmentor und Studienleiter während einer Pandemie einen Handschlag geben? Die Geschichte war mir mehr als unangenehm und ich spürte die Peinlichkeit am ganzen Körper, wann immer ich mich an diesen Moment erinnerte. Jedes Mal fragte ich mich: »Wie konnte ich mich nur so verhalten?«

Kennst du den Moment, wenn du an etwas Peinliches aus der Vergangenheit denkst und das Gefühl der Scham sofort wieder im ganzen Körper wahrnimmst? Gedanken wie »Was muss diese Person nun von mir denken?«, »Hätte ich lieber anders reagiert!«. In solchen Momenten fällt es schwer, das Vergangene loszulassen. Eigentlich ist es völlig egal, wie ich mich von ihm verabschiedet habe. Vermutlich erinnert er sich an diesen Moment schon lange nicht mehr. Ich selbst schäme mich noch immer.

Ich erzähle dir davon, weil dieses Beispiel einen guten Einblick gibt, wie mein Kopfkino funktioniert. Ich bin gefangen in meinen Gedanken, habe den absoluten Tunnelblick. Früher oder später denke ich dann, wie viel leichter es wäre, nicht mehr am Leben zu sein. Die Selbstverletzung diente mir damals als Mittel, um dieser Endlosspirale zu entkommen.

Alles Düstere schoss mir in solchen Momenten durch den Kopf und ich konnte nichts tun, um diese Gedanken abzuwimmeln. Mit den Gedanken ging ein starkes Körpergefühl von Anspannung und Schwere einher. Oft waren diese Gedanken eine Mischung von Schuldgefühlen, Selbstzweifeln, Angst vor dem nächsten Tag und Suizidgedanken. Diese und andere Themen haben sich zu einem schwarzen Knäuel zusammengebunden und ich konnte über Stunden nicht ausbrechen. Für mich waren es diese Momente, in denen ich zur Klinge griff. Die Selbstverletzung war für mich ein Weg, meine Gedanken auf den körperlichen Schmerz zu richten, um endlich aus den schmerzhaften Bildern in meinem Kopf auszubrechen.

Die Verletzungen funktionierten als Verlagerung und Ablenkung meiner psychischen Schmerzen. Der physische Schmerz war einfacher auszuhalten als der psychische. Nur sind die Schäden, die man von Selbstverletzung davonträgt, sehr viel schwerer, als ich mir damals bewusst gemacht habe. Natürlich ist es zerstörerisch für den eigenen Körper, doch auch gedanklich trainiert man sich an, mit selbst zugefügtem Schmerz auf zu starke Emotionen zu reagieren. Ein absolut ungesundes Verhalten, das man auf gar keinen Fall zur Routine machen darf! Auch wenn es ein harter Weg ist: Es ist unabdingbar zu lernen, wie man auch mit starken Gefühlen umgehen kann und dass jedes Gefühl irgendwann nachlässt. Gefühle kommen und gehen, sie haben ihre Berechtigung und sind maßgeblich für eine gesunde soziale Interaktion. Sie zu verarbeiten, lässt uns wachsen und hilft uns, uns selbst und das Miteinander besser zu verstehen.

Nur sehr wenige Menschen können den inneren Schmerz und das Leiden nachvollziehen, die eine Depression mit sich bringt. Alex, mein Vorgesetzter während der Ausbildung, der mich damals mit meiner Konzentrationsschwäche konfrontierte, wusste von meinen früheren Selbstverletzungen. Er hat mir offenbart, dass er sich nicht vorstellen kann, wie stark ich an dieser Depression leide. Doch den körperlichen Schmerz der Schnittwunden könne er nachvollziehen. Zum ersten Mal hatte er einen Anhaltspunkt von meinem inneren Leiden aufgrund der Depressionen. Er wusste, dass dies um einiges größer sein muss als der physische Schmerz. Selbstverletzung hat nichts damit zu tun, Aufmerksamkeit oder Beachtung zu bekommen. Die Ursachen für dieses Verhalten sind um einiges vielschichtiger und komplexer und das Problem auf Geltungsdrang zu reduzieren, macht es den Betroffenen umso schwerer, sich Hilfe zu suchen und ihrer Verzweiflung Ausdruck zu verleihen.

Als die Selbstverletzung für mich noch eine Möglichkeit war, meiner Realität zu entkommen, hat mich meine Mutter eingeladen, sie ins Fitnesscenter zu begleiten. Ich wollte gern mitgehen und an diesem Tag ging es mir so weit gut, dass ich mich dafür hätte aufraffen können. Doch ich hatte schreckliche Angst davor, dass meine Mutter in der Umkleidekabine oder beim Training meine Verletzungen am Arm sehen könnte. Trotzdem entschied ich mich, mitzugehen und mir meine lange erlernten Künste des Versteckens zunutze zu machen.

Bevor wir losgingen, suchte ich verzweifelt ein Schweißband oder Bandana, das ich mir um das linke Handgelenk binden wollte. Meine Schwester und Urs waren etwas irritiert über meine eifrige Suche, da dies nicht wirklich zu den angesagten Fitnessaccessoires gehörte. Schließlich hatte ich ein passendes Tuch gefunden und konnte so meine Selbstverletzungen am Arm vor meiner Mutter auch in der Umkleide verbergen. An diesem Tag hat sie meine Wunden nicht entdeckt.

Mir war immer bewusst, dass kein gesunder Mensch nachvollziehen kann, weshalb man sich selbst solche Schmerzen zufügt. Gerade deshalb sollte niemand die Schnittwunden entdecken. Doch diese Art von Versteckspiel ist eine unglaublich einsame und traurige Angelegenheit. Den ganzen Sommer lang trug ich langärmlige Kleider und wenn mich jemand am linken Arm berührte oder sogar packte, hielt ich mich selbst stets unter Kontrolle und die Schmerzen ohne sichtbare Reaktion aus. Über einige Jahre hat niemand davon Wind bekommen.

Im Schmerz gesegnet

Eines Tages jedoch kroch ich in mein Hochbett und sofort stieg mir der Duft der frischen Bettwäsche in die Nase. »Schön frisch«, dachte ich nichts ahnend. Doch beim Beziehen meines Bettes hatte meine Mutter meine versteckte Klinge gefunden. Ich wollte meiner Familie auf keinen Fall den Schmerz antun, sie wissen zu lassen, was sich ihre Tochter selbst zufügt. Panik überkam mich. Und tatsächlich: Neben meinem Kopfkissen lag ein Zettel. Mit zitternden Händen ergriff ich ihn ...

In dieser Nacht habe ich kein Auge zugetan. Der Zettel war tatsächlich von meiner Mutter. Sie hatte die Klinge entdeckt. Die Nachricht war sehr liebevoll geschrieben und sie bat mich um ein ehrliches Gespräch. Der Brief ließ mich keine Verurteilung spüren. Sie hat es geschafft, bei einem so schwierigen Thema mich nicht zu beschämen, sondern weiterhin zu Hause einen offenen Dialog zu fördern. Ich bin unglaublich dankbar, wie meine Familie damals mit mir umgegangen ist und wie sehr sie mein Leiden ernst genommen hat.

Mit ihrer Nachricht auf dem Zettel gab mir meine Mutter die Chance, mich auf das Gespräch mental vorzubereiten. Am nächsten Tag erzählte ich ihr, dass ich diese Methode nutzte, um Gedanken und Emotionen zu entfliehen. Sie nahm mich in den Arm und ich versprach ihr, mit meinem Psychologen dieses Thema anzugehen. Ich konnte mir nur vage vorstellen, wie herzzerreißend dieser Gedanke für meine Eltern sein musste. Es erstaunte mich, dass sie nicht versuchten, mich zu überzeugen oder gar zu zwingen, sofort damit aufzuhören. Irgendwie haben sie verstanden, dass dies nur der sichtbare Teil eines viel größeren Problems war.

Dass meine Familie damals von meinen Selbstverletzungen erfuhr, half mir, damit aufzuhören. Kurz vor meinem Klinikbesuch konnte ich, mit wenigen Ausnahmen, die Selbstverletzung beenden. Zu diesem Zeitpunkt ging es mir zwar nicht besser, schließlich habe ich endlich zu einem Klinikaufenthalt eingewilligt, aber ich wollte lernen, mit meinen Tiefen konstruktiver umzugehen. Schnell habe ich bemerkt, dass weder meine Familie noch meine Therapeuten die Glaubwürdigkeit meiner Schwierigkeiten an meinen Selbstverletzungen festmachten. Sie haben mich genauso ernst genommen wie zuvor.

Sensible Grenzen

Auch ein Klassenkamerad aus der Lehrzeit entdeckte an einem Schulnachmittag meine Narben. Noch immer trug ich viel langärmlige Oberteile, denn meine Narben waren noch nicht ganz verheilt und leuchteten violett. Mein Arm sah aus wie ein verfärbtes Zebra. Dieser Mitschüler zog nach seiner Entdeckung meiner Narben immer wieder meinen Ärmel hoch, um die Narben anzusehen. Das löste große Scham in mir aus und Gott sei Dank war ich so mutig, mich mitzuteilen und mein Unwohlsein auszudrücken. Es tat ihm sehr leid und er erzählte mir, dass er dies nicht böse meinte, sondern er lediglich versuche, mein Verhalten zu verstehen und einzuordnen.

In der jüngsten Vergangenheit habe ich zweimal erlebt, dass praktisch fremde Menschen meine Narben gestreichelt haben. Das war mir extrem unangenehm, viel zu intim. Meist passiert dies in Situationen, in denen mein Gegenüber viel Mitgefühl verspürt und mir Trost spenden will. Trotzdem überschreitet dies meine Grenzen. Also habe ich meinen Mut zusammengenommen und jeweils die Hand der anderen Person von meinen Narben weggenommen. Der Moment ist dann zwar immer etwas unangenehm, aber es ist mir wichtig, für meine Grenzen einzustehen, und ich halte dafür auch unangenehme Momente aus.

Oft verletzen wir Menschen uns gegenseitig – gerade dann, wenn wir selbst verletzt wurden. Es gibt sogar ein Sprichwort dazu: »Verletzte Menschen verletzen Menschen.« Das ist so wahr. Ich habe oft erlebt, dass diese Verletzungen nicht einmal böswillig passieren. Aber auch wenn Reaktionen oder Worte nicht böswillig gemeint sind, können sie schmerzen. Lange Zeit habe ich mich dann darauf fokussiert, dass die Person, die mich gerade verletzt hat, es nicht böse meint und es mir deshalb auch nicht wehtun muss. Heute sehe ich das anders. Ich durfte lernen, meine Gefühle ernst zu nehmen. Wenn mich jemand verletzt oder beschämt, ist es egal, ob die Person dies nicht grundsätzlich verletzend meinte. Ich darf auch dann gekränkt, wütend oder traurig sein. Es ist wichtig und gesund, dass meine Seele sich ausdrückt, damit der Schmerz sich nicht gegen mich selbst wendet.

Die Klagepsalmen in der Bibel haben mich gelehrt, dass ich klagen darf. Ich darf meinen Schmerz ernst nehmen, den eine Person (wenn auch unabsichtlich) verursacht hat. Ich habe aufgehört, Dinge schönzureden: »Ach, derjenige meinte das nicht böse.« Oder: »Sie wusste es einfach nicht besser.« Verletzend war es unter Umständen trotzdem. Erst wenn ich mich traue, die Wunde anzuschauen und ernst zu nehmen, kann ich diese behandeln. Erst wenn ich mich traue, mir selbst einzugestehen, dass es mich beschämt und verletzt, wenn mein Kollege meine Narben ungefragt entblößt oder eine einfühlsame Mutter meine Narben streichelt, kann ich vergeben. Diesen ersten Schritt habe ich zu lange nicht verstanden. Dabei redet Gott niemals etwas schön! Man muss sich nur ein paar Klagepsalmen durchlesen, um das zu erkennen. Wir sollten uns von der Bibel inspirieren und ermutigen lassen, unangenehme Dinge beim Namen zu nennen und den Schmerz zu thematisieren. Die

Vergebung, die genauso wichtig ist, kann erst nach diesem Schritt geschehen.

Ich glaube, dass Gott darüber weinte, wenn mein Leiden so groß war, dass ich mich verletzte. Wie sehr musste es ihn schmerzen! Er sieht mich als seine Tochter und ich darf seine Göttlichkeit in mir tragen. Ich selbst finde diesen Gedanken wunderschön. Vielleicht löst es aber in dir Druck aus. Du kannst dafür beten, dass du das Schöne und Göttliche in dir entdeckst, und du kannst auch Gott um Vergebung bitten, dass du seinen Blick auf dich, sein Bild von dir noch nicht kennst. Ich habe Gott sogar um Vergebung dafür gebeten, dass ich meinen von ihm wunderschön gemachten Körper verletzte. Dabei nehme ich keinerlei Verurteilung oder Enttäuschung seinerseits wahr, sondern nur seine Gnade und sein unfassbares Mitfühlen über meinen vergangenen Schmerz. Er kennt jeden Mangel, den ich im Leben erlitten habe, und jede Verletzung, die ich auf dem Lebensweg verschmerzen musste. Er versteht meinen verzweifelten Versuch, dies zu bewältigen, besser als jede meiner Psychologinnen oder Psychiaterinnen. Darum darf ich dir in festem Glauben zusprechen: Verurteile dich nicht, sondern sei barmherzig mit dir selbst. Denn du bist von Gott geliebt.

Lange habe ich mich für meine Narben geschämt und kenne einige Bekannte, denen es gleich ergeht. An einem Abend habe ich sogar ein Foto von meinen Narben gemacht, weil ich daran geglaubt habe, dass Gott meine Narben verschwinden lassen kann. Nach dem »Vorher«-Foto haben meine Mutter und ich dafür gebetet, dass er meine Wunden ganz und in einem Augenblick verheilen lassen würde. Leider durfte ich dieses Wunder damals nicht erleben. Aber ich kann darauf vertrauen, dass es gut ist – so, wie es ist. Und wer weiß, vielleicht erlebst du ja genau dieses Wunder! Sprich mit Gott und teile ihm deine Herzenswünsche mit.

Mit der Zeit durfte ich lernen, dass meine Gebrochenheit und deren Narben ihre Daseinsberechtigung haben. Ich habe bei Weitem nicht alles im Griff und hatte es nie, aber Gott blieb immer souverän an meiner Seite. Diese Wahrheit sehe ich, wenn ich meine Narben heute betrachte. Ich habe die Depressionen immer durchgestanden, ich habe überlebt. Das ist Grund zum Feiern! Ich begann immer öfters, T-Shirts zu tragen und mich nicht mehr für meine Narben zu rechtfertigen. Dann habe ich mich entschieden, ein Tattoo stechen zu lassen. Ich ließ die Narben nicht überstechen, sondern habe das Tattoo oberhalb platziert. Ich bin davon überzeugt, dass meine Lebensgeschichte ohne Gott ganz anders verlaufen wäre. Deshalb ist dieses Tattoo für mich ein Ausdruck meines Glaubens. Ich habe mir einen Löwen stechen lassen. Er steht für die Stärke Gottes in meinem Leben: Über meiner Depressionsgeschichte, über den Narben steht Gottes Stärke, der Löwe.

Ich habe erlebt, dass er mit mir in der kalten, tiefen Pfütze sitzt und die Qual aushält. In meiner Schwäche ist Gott stark, in meinem Zerbruch bleibt Gott beständig. Diese Erkenntnis bedeutet mir so viel, dass ich sie lebenslang auf meiner Haut tragen will. (Dave, mein Fachmentor, hat mir bei meinem Studiumsabschluss verraten, dass mein Löwen-Tattoo ihn dazu inspirierte, auch ein erstes Tattoo stechen zu lassen. Ich durfte also meinen *Fan-Girl-*Moment doch noch feiern, da vermutlich nicht nur er mich stark geprägt hat, sondern auch ich ihn ein Stück inspirieren durfte.) Meine Narben fallen heute aufgrund meines Tattoos noch mehr auf und ziehen gar Blicke an. Das ist gut so, denn die Botschaft ist klar: Depressionen haben nicht das letzte Wort, sondern immer nur Gott.

Strategien entwickeln

Mit der Selbstverletzung aufzuhören, ist schwierig und braucht Kraft. Wenn der Drang der Selbstverletzung aufkam, konnte ich nur schwer widerstehen und andere Lösungen suchen. Greift man in Stresssituationen – also z. B. bei emotionaler Überforderung – immer wieder auf die gleichen Verhaltensweisen zurück, trainiert man sich damit selbst eine (in diesem Fall extrem ungesunde) Bewältigungsstrategie an, die sich sogar zur Sucht auswachsen kann. Erst in der Klinik habe ich gelernt, mich anders als durch das Ritzen von meinem inneren Chaos abzulenken. Manchmal habe ich Chilis gekaut oder ganz heiß geduscht. Ich habe Sport bis zum Äußersten getrieben und mich richtig ausgepowert. Es gibt auch weniger exzessive Möglichkeiten, wie z. B. ein Gummiband um das Handgelenk zu tragen, und beim Drang, sich zu verletzen, es auf die Haut schnellen zu lassen.

Das Allerwichtigste, um mit der Selbstverletzung aufzuhören, ist deine Entscheidung. Ganz bewusst habe ich mich entschieden, zukünftig einen neuen Weg zu gehen, der konstruktiv ist und nicht zerstörerisch und gefährlich. Ich habe mich jeden Tag aufs Neue dazu entschieden: »Ich lerne, anders auf den Drang der Selbstverletzung zu reagieren.« Trau dich heute, diese Entscheidung zu treffen. Auch wenn du Rückschläge erlebst, bleib dran, Strategien auszuprobieren, die deinem Körper nicht schaden.

Um diese neuen Strategien anzutrainieren, habe ich einen Notfallzettel verfasst. In Momenten, in denen der Druck groß ist, ist es schwierig, anders zu denken und zu reagieren. Dieser Zettel hat mir dabei geholfen, mich immer wieder an meine sogenannten *Skills* zu erinnern. Ich habe die unterschiedlichen Möglichkeiten nach ihrer Effektivität aufgelistet. Ich begann immer bei der schwächsten

Methode und ging dann weiter, bis sich der Drang gelegt hatte. Manchmal habe ich nur gezeichnet und Gummibänder auf mein Handgelenk schnellen lassen. An anderen Tagen habe ich die Liste bis zum vorletzten Punkt durchprobiert. Ich habe mich nie getraut, die anonyme Notfallnummer wirklich zu wählen, doch immerhin wäre ich darauf vorbereitet gewesen, wenn ich den Mut dafür hätte aufbringen können.

Meine Liste ging so:

- zeichnen
- Gummibänder spicken
- auspowern
- heiß duschen
- Chili essen
- Notfallnummer wählen

Diese Alternativen zur Selbstverletzung sind deutlich weniger schädlich und destruktiv und schaffen dennoch bedingt Abhilfe in Drucksituationen. Auch wenn der Effekt natürlich nicht der gleiche ist, lohnt es sich so sehr, sich trotzdem dafür zu entscheiden und sich auf die Suche nach anderen Bewältigungsstrategien zu machen und diese zu trainieren. Die Selbstverletzung ist und bleibt nachhaltig destruktiv. Ja, es braucht Zeit, Gewohnheiten umzustellen. Aber es ist der einzig mögliche Weg, um mit der Selbstverletzung aufzuhören. So können du und ich uns auch während einer depressiven Episode ein Stück Lebensqualität erhalten.

Selbstliebe

Als mich das erste Mal ein Psychologe fragte, ob ich Selbstmordgedanken kenne, traute ich mich nicht, dazu eine direkte Antwort zu geben; ich schwieg. Er formulierte seine Frage um und fragte mich: »Denkst du manchmal daran, es wäre einfacher, wenn du nicht mehr leben würdest?« Jede andere Antwort als ein Ja wäre eine Lüge gewesen. Deshalb gab ich es zu. Von da an sprachen wir regelmäßig darüber, was ich die kommende Woche brauchte, damit ich beim nächsten Termin wieder erscheinen konnte. Bald war es für mich einfacher, über den Verlauf meiner Suizidalität mit meinem Psychologen zu sprechen. Das hat mir geholfen, Besserungen wie auch Verschlechterungen in meinem Ergehen zu reflektieren, ernst bzw. überhaupt wahrzunehmen.

Vielleicht denkst du, dass die Frage nach einem Todeswunsch ein No-Go ist. Man könnte vermuten, dass diese Frage vielleicht sogar etwas triggert. Bei mir war es nicht so. Ich habe gelernt, wie wichtig es ist, über diese Gedanken zu reden. Nicht nur Fachpersonen dürfen diese Gedanken ansprechen, auch Menschen, zu denen wir in Beziehung stehen, dürfen das wagen. Wann immer Dinge ausgesprochen werden, verlieren sie etwas von ihrer Macht und zusätzlich kann die richtige Hilfe eingeleitet werden.

In der Klinik habe ich gelernt, dass es verschiedene Stufen von Todesgedanken gibt; man nennt dies die Suizidalitätsskala. Diese Skala teile ich für mich in drei Stufen ein:

1. Man denkt, es wäre einfacher, nicht mehr am Leben zu sein, würde sich aber nichts Ernsthaftes antun.
2. Man sieht es als Möglichkeit, seinem Leben selbst ein Ende zu setzen.
3. Man hat bereits konkrete Pläne, wie man Selbstmord begehen würde.

Reflektiere dich selbst immer wieder, wo du stehst, und traue dich bitte, dich einer erwachsenen Person mitzuteilen. Ich finde mich heute selten auf dieser Suizidalitätsskala wieder. Ich bleibe jedoch aufmerksam, ob ich auf mein Leben achtgebe oder nicht. Schaue ich beispielsweise an einer Ampel, ob ein Auto kommt, oder lasse ich es darauf ankommen?

Wenn jemand mir seine Todeswünsche anvertraut, verspreche ich niemals, dies niemandem zu erzählen. Ich versuche, im gemeinsamen Gespräch meine Sorge um den Menschen deutlich zu machen und zu erreichen, dass mein Gegenüber diese Gedanken mit einer ausgewählten und qualifizierten Vertrauensperson teilt. Manchmal weiß die Person selbst, wem sie genug vertraut, um ein gemeinsames Gespräch zu führen. Ansonsten suche ich eine Fachperson und biete an, beim Erstgespräch als Begleitperson dabei zu sein. Allerdings muss diese Begleitung sehr genau abgewogen werden, denn ein Gespräch bei einem Psychologen fordert absolute Ehrlichkeit und Offenheit. Eine weitere Person als Begleitung könnte dies beeinträchtigen.

Ich mache mir stets in solchen Gesprächen bewusst, dass nicht einmal eine ausgebildete Fachperson die Verantwortung für ein anderes Menschenleben tragen kann. Persönlich musste ich in meinen Therapiegesprächen lernen, selbst einzuschätzen, ob ich diese Woche überleben konnte oder nicht. Mein Psychologe übernahm nie die Verantwortung dafür.

In Momenten, in denen ich Suizidgedanken hatte, rückte alles andere in meinem Leben in den Hintergrund: Menschen, die ich liebte und die mich liebten, Dinge, auf die ich mich normalerweise freute – alles wirkte verschwommen und weit weg. Nur mein Wunsch nach sofortiger Erlösung war scharf und mein Blick klar darauf gerichtet. Andere Dinge entzogen sich meiner Wahrnehmung und meinem Verständnis. Ich erlebte einen absoluten Tunnelblick. Mit der Selbstverletzung bzw. später dann mit meiner Notfallliste versuchte ich, meinen Fokus vom Suizid abzulenken.

Ich möchte auf mein Leben achtgeben und mich um mich selbst kümmern, wie um eine beste Freundin. In der Bibel steht in Matthäus 22,39: »Liebe deinen Mitmenschen wie dich selbst« (HFA). Lange habe ich es so verstanden, dass es hier um unseren Nächsten geht; darum, den anderen zu lieben und zu ehren. Doch eigentlich setzt die Wendung »wie dich selbst« voraus, dass zunächst die Selbstliebe da sein muss. Gott fordert uns auf, uns selbst zu achten und zu ehren, wertzuschätzen und für uns zu sorgen. Nur dann können wir unseren Nächsten auf gleiche Weise lieben.

Mir hilft es, den Satz so umzuformulieren: »Liebe dich selbst wie deine beste Freundin.« Ich darf mich genauso fest lieben, wie ich meine beste Freundin liebe. Für sie würde ich alles tun. Zwei meiner nächsten Freundinnen, Justyna und Audrey, meistern gerade ihren Master in London. Für sie ist es mir sofort wert, Geld auszugeben, um sie zu besuchen und ihren Geburtstag mit ihnen zu feiern. Wenn ich selbst Geburtstag habe, ist der erste Gedanke: »Ach, ich brauche nicht etwas zu unternehmen, das ist doch nicht so wichtig.« Das ist ein großer Fehler. In diesen kleinen Dingen kann ich lernen, mich selbst genauso zu lieben wie meine Freundinnen.

Die Bibel fordert mich nicht zu Egoismus auf. Aber sie weist mich darauf hin, dass ich für mich selbst weniger einstehe als für mein Gegenüber. Das ist nichts, worüber Gott sich freut. Mit mir selbst darf und soll ich genauso barmherzig sein, ich bin sogar dazu aufgefordert.

Ehrlich bleiben

Immer wieder bin ich erstaunt, wie viele Menschen sich trauen, mich zu fragen, wie es mir wirklich geht. Es ist doch frustrierend, wenn meine wöchentliche Antwort immer gleich ausfällt. Trotzdem beweisen viele Freunde und Freundinnen den Mut, dieser Herausforderung in die Augen zu blicken. Für diese Menschen bin ich besonders dankbar. Irgendwie bleibt es aber schwierig für mich, die Gesprächssituationen richtig einzuschätzen und passend eine ehrliche Antwort zu geben.

Die Frage »Wie geht es dir?« ist, wenn wir ehrlich sind, so viel schwieriger zu beantworten, als wir dies kultiviert haben. Gerade auch in der Kirche läuft Small Talk leider viel zu häufig so ab: »Schön, dich zu sehen! Wie geht es dir eigentlich? – Oh, schon so spät, sorry, ich muss gleich zum Zug. Bye.« Ich weiß, dass es mein Gegenüber oft ehrlich interessiert, wie es mir geht, aber leider ist es für die Person schwer einzuschätzen, dass meine ehrliche Antwort länger ausfallen würde als ein kurzes »Super, danke, und dir?«. Oft habe ich nicht die Kraft, ehrlich zu erzählen, wie es mir ergeht, aber es wäre massiv gelogen, wenn ich nur »ganz gut« antworte. Ich habe eine sehr starke Ausstrahlung. Wenn ich strahle, dann strahlt der Raum. Aber wenn ich nicht strahle, dann fürchten sich die Menschen vor mir. Gerade an solchen Tagen werde ich gefühlt hundertmal gefragt, ob ich müde sei. Das nervt mich extrem. Wenn ich aussehe, als ob meine Welt düster ist und mich alles überfordert, dann ist vielleicht einfach alles düster und überfordert mich?! In meiner zynischen Art antworte ich oft zu dreist: »Ja, ich bin müde vom

Leben« oder »Nein, alles im Leben ist einfach nur sehr, sehr düster«. Das ist nicht gerade fair für mein Gegenüber, das mich nicht einschätzen kann. Ich wünschte, ich wäre einfach nur müde. Ich wünschte, ich könnte genug schlafen und wäre erholt. Aber nein, auch nach meinen zehn Stunden Schlaf ist noch immer alles düster und schmerzhaft. Wie also kann ich auf solche Fragen antworten, dass es sich für mich nicht 100 Prozent erlogen anfühlt, gleichzeitig mein Gegenüber aber nicht zu 100 Prozent überfordert?

Gefühlt spreche ich entweder nie über meine Depression oder nur noch darüber. Wir Schweizer sind bekannt für die »gute Mitte«, aber im kurzen Small Talk mit Menschen, die es ehrlich meinen, habe ich diese Mitte definitiv noch nicht gefunden. Meine wichtigste Erkenntnis ist jedenfalls, dass ich niemandem eine ausführliche Antwort schulde. Andersrum jedoch, dass ich ehrlich antworten darf, auch wenn meine Antwort nicht unbedingt positiv ist. Meine am häufigsten angewendete Strategie ist: Ich antworte ehrlich. Zum Beispiel so: »Aktuell erlebe ich eine sehr schwierige Zeit.« Dann hänge ich sofort etwas Positives an: »Heute bin ich allerdings besonders dankbar für den Sonnenschein!« oder »Heute hat mich ein Arbeitskollege spontan auf einen Kaffee eingeladen und das hat mir wirklich viel bedeutet.« Die meisten Menschen gehen dann besonders auf das Positive ein, weil sie verstehen, dass ich nicht über die Herausforderungen sprechen möchte.

Besonders als Pastorin bin ich in Predigten oder Talks sehr ehrlich, was mein Befinden angeht. Wenn ich also fünf Minuten zuvor zehn Menschen geantwortet habe, dass es mir gut geht, dann aber in der Predigt von meiner heftigen depressiven Episode erzähle, fühlt sich das für mich nicht authentisch an. Natürlich habe ich auch schon erlebt, dass mein Gegenüber meinen Hinweis nicht versteht und gefühlte hundert weitere Fragen über mein Ergehen stellt – oder sofort ein melancholisches Gebet anbietet. Ich finde es sehr unangenehm und auch »unchristlich«, ein Gebet abzulehnen. Trotzdem ist es wichtig, mir diese Freiheit immer wieder zu gönnen. »Du darfst mich gerne in deine Gebete einbeziehen, aber jetzt gerade möchte ich kein lautes Gebet. Danke.« Dieser Satz gehört zu meinem Selbstschutz-Repertoire.

Mein Umfeld habe ich ganz bewusst so aufgebaut, dass ich Menschen um mich herum habe, die mutig genug sind, die Realität anzusehen, und es nicht nötig haben, sich in eine heilige Scheinwelt zu flüchten. Früher habe ich immer wieder erlebt, dass Menschen aus Überforderung und Angst davor, etwas Falsches zu sagen, meine psychische Krankheit einfach totschwiegen. Solltest du selbst mit einer Person befreundet sein, die unter Depressionen leidet, gebe ich dir einen wichtigen Rat: Sag lieber etwas Falsches als über Monate einfach gar nichts. Und tue nicht so, als ob dein Gegenüber in den Ferien gewesen sei, wenn er oder sie gerade aus der Klinik entlassen wurde. Für solche Beziehungen habe zumindest ich heute keinen Platz mehr in meinem Leben.

»Meine Frau ist auch eine starke Kämpferin. Von ihr weiß ich, dass solche Kämpferinnen sich danach sehnen, den Kampf endlich gewinnen zu dürfen und nicht mehr stark sein zu müssen.« Das hat mir ein Arbeitskollege gesagt, als ich ihm erneut erzählte, dass ich eine schwierige Zeit durchlebe. Dieser Satz ging mir damals sehr nahe und begleitet mich bis heute. Er fasst in Worte, wonach ich mich so sehr sehne. Von Herzen bin ich dankbar, dass ich die Kraft habe, meiner Krankheit immer wieder den Kampf anzukündigen. Aber wie gerne würde ich einfach mal gewinnen!

Meine Vision fürs Leben ist es, auch mit der Depression Wunderbares zu erleben und Lebensqualität zu erfahren. Dieser Traum ist nicht unmöglich, fühlt sich aber oft so an. Die Vision erfordert große Achtsamkeit und ein bewusstes Leben. Der tägliche Kampf, mich nicht in einer Abwärtsspirale zu verlieren, kostet enorm viel

Energie. Diese immer wieder aufzubringen, kotzt mich oft an. Ich plane meinen Alltag so, dass ich täglich bestimmt 10 Stunden schlafe. In schwierigeren Zeiten erhöht sich dieses Pensum auf bis zu 14 Stunden. Ohne genügend Schlaf kann ich unmöglich in meinem Alltag aufblühen, dann kann ich diesen nämlich kaum überwinden. Mein Mann und ich beginnen also unsere Eheabende entsprechend früh und beginnen niemals einen Film nach 20 Uhr. Am Abend auf eine Party zu gehen, muss ich genauestens planen, und meistens liegt es kräftemäßig eher nicht im Bereich des Möglichen für mich.

Wenn ich mich in einem Gedankenchaos verliere oder antriebslos bin, gehe ich spazieren. Es ist wichtig für mich, täglich genug Wasser zu trinken und mich ausgewogen zu ernähren, trotz des fehlenden Hungergefühls. Diese Dinge lassen meine psychische Krankheit nicht verschwinden, doch sie helfen mir, standhaft zu bleiben.

Hungern

Die Begleiterscheinungen sind eine enorme Herausforderung. Mein Hungergefühl bleibt aus und die Antriebslosigkeit ist ein täglicher Begleiter. So kommt es also, dass ich ohne die Hilfe von Benjamin meistens nur Frühstück esse. Ein Müsli und etwas Milch in die Schüssel geben, das packe ich. Auch für meinen morgendlichen Kaffee reicht die Begeisterung; doch um mittags oder abends auch noch etwas zu kochen, ohne dass mich der Hunger dazu bewegt, scheint unmöglich.

Trotzdem, ich muss mich ausgewogen ernähren. Mein Körper leidet bereits genug aufgrund der Depression, deshalb möchte ich mir gutes und ausgewogenes Essen gönnen. Immer wieder gelange ich an den Punkt, an dem mich diese »gesunden Strukturen« und die nötige Disziplin nerven. Die Depression bleibt sowieso mein täglicher Begleiter. Egal, wie sehr ich kämpfe, sie steht neben mir und wirft einen riesigen Schatten auf mich. Wenn meine Strategien also sowieso nichts verändern, kann ich mir die Mühe und Energie auch sparen, oder nicht? Dann bin ich lieber bis abends spät wach, rauche wieder Kette, spare mir den Aufwand mit dem Kochen und betrinke mich, wann immer sich die Möglichkeit ergibt. Irgendwie nachvollziehbar, oder?

Natürlich weiß ich, dass mich so eine Einstellung immer weiter in den Treibsand drückt. Und dennoch teile ich Benjamin immer wieder mit, dass ich es satthätte, auch noch gegen meine Raucherlust anzukämpfen. Dann greife ich kurzerhand zu meinem Zigarettenpack für Notfälle und setze mich frustriert auf die Terrasse. Das gönne ich mir, denke ich mit jedem tiefen Zug. Wieder täglich rauchen will ich aber nicht, das Geld ist es mir nicht wert und mein Körper mir zu wichtig. Das Problem ist also, dass ich mit diesen Ausnahme-Zigaretten immer wieder einen Schritt zurück zu meiner Sucht mache und mir keineswegs meinen Alltag vereinfache. Genau deshalb brauche ich dringend Menschen, die mich ermutigen, weiterhin den anstrengenderen, dafür konstruktiveren Weg einzuschlagen. Es sind wenige ausgewählte Menschen, denn Floskeln zu einem christlichen Lebensstil lösen starke »allergische« Reaktionen in mir aus. Für mich sind diese Menschen mein Ehemann Benjamin, wenige enge Freundinnen und meine Mutter. Diese Personen können meinen Frust, der sich meist mit starker Sprache Luft macht, einordnen und aushalten.

Es gibt tatsächlich Dinge, die dir guttun, und Dinge, die dich noch tiefer in den Abgrund ziehen. Lange Zeit war mir nicht bewusst, dass ich zumindest im kleinen Rahmen beeinflussen konnte, wie es mir erging. Ich dachte, depressiv ist eben depressiv. Doch je länger ich in Behandlung war, desto mehr lernte ich, dass ich mit meiner Depression auf unterschiedliche Art und Weise umgehen kann.

Eine psychische Krankheit fordert, dass man aktiv wird und einen Prozess beginnt – was ich ehrlich gesagt furchtbar finde, denn diese Krankheit raubt einem schließlich alle Kraft. Trotzdem entscheide ich mich jeden Tag dafür, weitere Schritte auf meinem Weg zu gehen. Lass dich trotz deiner Krankheit herausfordern (oder gerade deshalb!), gute Entscheidungen zu treffen – egal, wie sehr es dich ankotzt. Ich möchte dich ermutigen: Wenn du selbst auch schon einmal Suizidgedanken gehabt hast, dann sprich darüber! Reden ist so wichtig! Suche dir eine erwachsene Person (vielleicht jemanden aus deinem Umfeld) oder eine professionelle Beratungsstelle, um deinem Kummer Luft zu machen und dir Hilfe zu holen. Es gibt auch anonyme Hilfestellen, in der Schweiz zum Beispiel *Die dargebotene Hand*. Bei solchen Adressen kannst du dich zu jeder Uhrzeit für ein anonymes Telefongespräch melden.

Nächster Halt: Klapse

Während meiner Lehrzeit versuchte mich mein Arzt durch ein reduziertes Arbeitspensum zu entlasten, sodass ich meinen Alltag meistern und meine Lehre absolvieren konnte. Wirklich entlastend habe ich dies aber nicht erlebt. Es war eher ein Tropfen auf dem heißen Stein. Damals träumte ich nicht einmal mehr davon, irgendwelche Abenteuer zu erleben. Ich war nur noch müde. An den Tagen, an denen ich krankgeschrieben war, habe ich viel Zeit im Bett, in der Badewanne oder höchstens auf einem kurzen Spaziergang verbracht.

Auch heute arbeite ich nur Teilzeit in der Kirche, damit ich darin aufblühen kann und mich nicht ständig fühle, als ob ich in Überlastung ertrinken würde. 60 Prozent bin ich in der ICF Church angestellt und träume immer wieder davon, die restlichen 40 Prozent große Projekte zu realisieren und Abenteuer zu erleben. Ehrlich gesagt verbringe ich noch immer die meisten meiner freien Tage in der Badewanne und beim Spazierengehen. Aber ich weiß, dass es mir unglaublich guttut, und darum ist es mir wert, meine Zeit so einzuteilen.

Auch wenn ich noch keine sinnvolle Antwort auf die Frage habe, was ich denn mit den restlichen 40 Prozent meiner Arbeitszeit mache. Die meisten Menschen arbeiten fünf Tage die Woche, daher kommt immer wieder die Frage auf, was ich mit den verbleibenden vier Tagen mache, wenn ich nur drei in der Woche arbeite. Meine Antwort fällt je nach Tagesverfassung anders aus. »Die restlichen 40 Prozent nutze ich, um mein Leben in den Griff zu kriegen«, ist eine davon. An diese Antwort von mir kann ich mich gut erinnern, da mein armes Gegenüber mich gar nicht kannte und verdutzt sagte: »Na, dann musst du wohl echt viel haben, dass du noch in den Griff kriegen musst.«

Manchmal antworte ich aus einer ganz anderen Perspektive, z. B. dass ich noch einige spannende Nebenjobs habe. Das ist wahr, ich arbeite als Schauspielpatientin für Medizinstudenten und angehende Rettungssanitäter. Allerdings ist dies nicht der Grund, weshalb ich weniger als 100 Prozent arbeite, sondern Teil der kreativen Gestaltung meiner Freizeit.

In den Monaten während der Lehrzeit, in denen es mir sehr schlecht ging, konnte ich nicht einmal mehr die wenigen Tage arbeiten, an denen ich noch nicht krankgeschrieben war. So musste ich meinen Praxisausbilder ständig anrufen, um mich abzumelden. Das kostete mich immer sehr viel Mut und Überwindung, denn ich wollte so gern wenigstens die 50 Prozent packen. Meine Praxisausbilder und Teamkollegen wussten bereits in der Lehre über meine Krankheit Bescheid und so konnte ich bei den Telefonaten für eine weitere Krankmeldung wenigstens ehrlich sein. Ich bin dankbar, da ich stets sehr verständnisvolle Teamkollegen hatte und mir viel Verständnis entgegengebracht wurde. Auch mein Lehrmeister hat sich sehr für mich eingesetzt und mir in jeder Abteilung die Wahl überlassen, wie offen ich meine Krankheit und mein Ergehen kommunizieren wollte. Er würde für mich im Team einstehen, falls ich nicht allen Personen in jeder neuen Abteilung meinen Krankheitsverlauf erklären wollte. Es war eine große Entlastung, mich während meiner gesamten Lehrzeit von meinem Ausbilder ernst genommen zu fühlen.

Raus aus dem Alltag

Schon lange diskutierte ich mit meinem Psychologen über einen Klinikaufenthalt, besonders auch deshalb, da die Teilzeitkrankschreibung mich nicht zu entlasten schien. Damals versuchte ich jedoch noch immer, meinen Alltag zu bewältigen, und war nicht bereit, den Schritt aus dem Alltag in eine unbekannte Situation zu wagen. Es überraschte mich damals zu erfahren, dass Kliniken tatsächlich eine Warteliste haben. Der Bedarf ist beängstigend groß und während der Pandemie noch mehr angestiegen. Daher setzte mich mein Psychologe mit meinem Einverständnis auf die Wartelisten von zwei Jugendstationen in unterschiedlichen Kliniken.

Um mir ein genaueres Bild zu verschaffen, besuchte ich die zwei Kliniken. Die erste wirkte fürchterlich kahl und hoffnungslos, sie erinnerte eher an ein Krankenhaus als einen Zufluchtsort. Die zweite Klinik sprach mich einigermaßen an. Trotzdem war ich davon überzeugt, dass dort bestimmt nur »Psychofreaks« seien und ich da einfach nicht hingehörte. Obwohl ich mittlerweile relativ offen über mein Ergehen sprach, war ich noch immer sehr gut darin, nicht depressiv zu wirken. Meine Schutzmauern ließen es nicht zu, dass andere sehen konnten, wie sehr ich litt.

Es ist mir nach wie vor unangenehm, dass sich Menschen um mich sorgen. Besonders damals war der Gedanke, mich auf einen Klinikaufenthalt einzulassen, weit weg für mich. Gerade auch deswegen, weil ich noch gut in der Gesellschaft und sogar mehr oder weniger in meinem Arbeitsumfeld funktionierte, wollte ich diesen Schritt nicht wagen. Was, wenn plötzlich doch ein Platz frei würde und ich ihn annehmen sollte? Diese Frage stellten wir uns als Familie in den kommenden Wochen oft. Meine Eltern hatten ihre Meinung dazu bewusst nicht klar geäußert; sie haben mich jedoch immer wieder ermutigt, dass ich es bestimmt richtig entscheiden werde. In jedem Fall würde meine Familie hinter mir stehen. Und auch wenn ich auf den Wartelisten stand, konnte ich den Platz jederzeit abweisen. Eigentlich war das auch mein Plan. Eigentlich. Ich brauchte dringend Urlaub, wollte einfach raus aus dem Alltag. Also reiste ich in meinen Sommerferien nach Barcelona. Doch als ich dort ankam, traf mich die traurige Realität, dass es mir nicht einmal in den Ferien und am Strand annähernd besser ging. Wie konnte es sein, dass ich ohne Verantwortung und ohne Druck mitten in Spanien noch dieselbe Gleichgültigkeit und Trauer in mir trug wie zu Hause?

Ich rekelte mich gerade unter der brütenden Sonne Spaniens, als eine unbekannte Nummer auf dem iPhone-Display aufleuchtete. Nicht einen Gedanken verschwendete ich an die Warteliste der Klinik. Also nahm ich den Anruf entgegen; eine weibliche Stimme antwortete. Sie erklärte mir, dass ein Platz in der Klinik frei wurde und ich die nächste Person auf der Warteliste sei. Der Klinikaufenthalt würde voraussichtlich drei bis vier Monate dauern. Sofort setzte ich mich auf meinem Badetuch gerade auf. Die Stimme am anderen Ende erklärte mir, dass ich ihr noch am selben Tag mitteilen müsse, ob ich den Platz annehmen werde oder nicht. Meine Anreise zur Klinik würde bereits in einigen Tagen sein.

Damit hatte ich in diesen Ferien nicht gerechnet. Ich wusste, dass diese Entscheidung große Auswirkungen haben würde. Vermutlich müsste ich mein zweites Lehrjahr wiederholen aufgrund der längeren Abwesenheit. Doch wusste ich auch, dass es mir vor meinen Ferien immer schwerer fiel, den Alltag zu überwinden. Wenn ich ehrlich zu mir selbst war, konnte ich, je mehr Zeit verging, umso weniger garantieren, dass ich mir nichts antun würde. Meine Suizidgedanken wurden immer realistischer und präsenter. All das zusammen ließ mich schließlich einsehen, dass ich diesen Platz annehmen musste. Also rief ich meine Eltern an. Meine Familie unterstützte meine Entscheidung sehr. Sie glaubten, dass ich die richtige Wahl getroffen hatte. Direkt nach dem unterstützenden Telefonat mit meinen Eltern wählte ich die unbekannte Nummer und teilte der beruhigenden Stimme mit, dass ich bereit war, in die Klinik zu kommen. Es fühlte sich komisch an, mit sandigen Füßen und mit dem rauschenden Meer im Hintergrund diese Entscheidung zu kommunizieren, doch ich hatte das Gefühl, das Richtige zu tun.

Heute würde ich diese Entscheidung vermutlich noch mehr mit Gott im Gebet treffen, doch damals war es mir fast unmöglich, meine Gedanken auf eine Gebetszeit auszurichten. Ich war davon überzeugt (und bin es noch heute!), dass der Heilige Geist meine Entscheidung leitet, denn er hat alle Erlaubnis dazu. Er wohnt in uns und er wirkt in uns – auch dann, wenn wir es nicht bewusst wahrnehmen, dürfen wir darauf vertrauen, dass Gottes Geist immer bei uns ist.

Einige Tage nach dem Telefonat reiste ich also zurück in die Schweiz. Total nervös rutschte ich auf meinem Economy-Sitzplatz hin und her. Im Flieger zurück nach Zürich versuchte ich mir vorzustellen, wie ein Klinikaufenthalt aussehen würde. Hatte ich wirklich die richtige Entscheidung getroffen?

Zwischen dem Telefonat und meinem Eintritt in die Klinik erlebte ich einen weiteren Tiefschlag in meinem Leben. Eigentlich war ich sicher, dass ich nicht tiefer fallen könnte. Meine Tage schienen sich nur noch darum zu drehen, überhaupt am Leben zu bleiben. Doch es wurde noch schlimmer: In Barcelona stahl mir ein Mensch etwas, das mir unfassbar viel bedeutete: mein erstes Mal. Eigentlich wollte ich wie in einem Märchen mit meinem Lieblingsmenschen in der Hochzeitsnacht unser erstes gemeinsames Abenteuer erleben: Sex. Vielleicht war ich selbst schuld, dass ich diese Möglichkeit nun verloren hatte? Dieses Erlebnis bestätigte mir: »Ich bin zu schwach für das Leben.«

Es fällt mir nach wie vor unglaublich schwer, über diesen sexuellen Missbrauch zu sprechen. Obwohl es nicht nachvollziehbar ist, regierten damals Schuld und Scham meine Gedanken rund um diesen Übergriff. Jahrelang habe ich nicht mit Menschen aus meinem Umfeld darüber gesprochen. Gott sei Dank aber konnte ich mich gleich in meinem Klinikaufenthalt mitteilen und der Begleitperson erzählen, was mir erst vor Kurzem passiert war. Ich durfte hören, dass mich keine Schuld trifft. Und auch wenn ich selbst dies lange nicht glauben konnte, halfen mir der Zuspruch und der Trost.

Als Benjamin und ich unsere Beziehung starteten, habe ich ihm von diesem Erlebnis erzählt. Ich erinnere mich noch genau, wie wir an einem Fluss entlangspazierten und ihm voller Mitgefühl Tränen in die Augen schossen. Es war ein langer Heilungsprozess von dem Missbrauch bis heute. Gott hat über die Jahre, unter anderem auch durch Therapie, sehr viel in meinem Herzen wiederhergestellt und so ist dieser Raub an meinem Körper heute nicht mehr Teil meiner Sexualität. Benjamin und ich teilten, wie ich es mir wünschte, unser erstes Mal Sex in unserer Hochzeitsnacht. Das klingt vielleicht sehr konservativ und alles andere als zeitgemäß, aber für mich ist die Sexualität ein wunderschönes Geheimnis zwischen meinem Lieblingsmenschen und mir.

Als Benjamin und ich bereits einige Zeit verheiratet waren, kündigte ich schließlich meinen Eltern ein schwieriges Gespräch an. Irgendwie wollte ich als letzten Schritt meiner inneren Heilung auch ihnen Einblick geben in diese Verletzung. Ich glaube, dieses Gespräch ist das Mutigste, das ich im Leben je tat, und ich habe dafür auch gut drei Jahre Anlauf gebraucht. Mit meiner Schwester Jamie konnte ich dieses Trauma schon viel früher teilen. Wir saßen gemeinsam an einem Fluss und ich vertraute ihr an, was ich erlebt hatte und wie ich darunter litt. Sie nahm mich warm in ihre Arme. Sie sagte nichts, es wären auch keine Worte passend gewesen. Für mich hat dieser intime Moment zwischen uns Schwestern unsere Beziehung noch stärker werden lassen. Dank diesem positiven Teilen mit Jamie konnte ich den Mut aufbringen, mich auch meinen Eltern gegenüber zu öffnen, auch wenn ich dafür noch einmal ein Jahr verstreichen ließ.

Eigentlich ist es nicht meine Art, ein Gespräch dramatisch anzukündigen, doch ich wusste: wenn ich dies nicht tat, würde ich mich nicht trauen, das Gespräch mit meinen Eltern zu beginnen. Für mich waren es die Gespräche mit Benjamin, Jamie und meinen Eltern, die mir einen endgültigen Abschluss mit diesem Erlebnis ermöglichten. Nun ist kein Gedanke daran noch Teil meines Alltags.

Rein in die Klinik

Zerschmettert und einsam packte ich zu Hause also das Badetuch und meine Strandkleider aus meinem Koffer und tauschte sie gegen meine Trainingshose und flauschige Socken. Es fühlte sich komplett surreal an. Kurz nach meinem Sonnenbad in Barcelona stand ich nun mit meinen Eltern am Tresen der Klinik. Ehrlich gesagt hatte ich keine Vorstellung davon, was mich die nächste Zeit erwarten würde. Zunächst erhielt ich alle Informationen zu den Klinikregeln und dem Gelände. Es gab klare Raucherzonen, der Kontakt zwischen jugendlichen und erwachsenen Patienten war untersagt und die Nachtruhe war strengstens einzuhalten.

Die Klinik umfasste eigentlich ein ganzes Dorf. Eine Frau führte uns durch das große Areal und zeigte uns das Restaurant, das Wohnhaus meiner Gruppe und den Sportplatz. So weit, so gut. Der Abschied meiner Eltern fiel mir schwer. Wir drückten uns lange und fest vor dem Gebäude, das für die kommenden Monate mein

Zuhause sein würde. Nun stand ich da und hatte einen drei- bis viermonatigen Aufenthalt in dieser Jugendabteilung vor mir. Ich hatte nicht die geringste Ahnung, was mich erwartete. Ich fühlte mich schrecklich einsam und war verunsichert. Mein einziger Lichtblick war, dass ich am Wochenende für eine Nacht nach Hause durfte. Kaum vorstellbar, wie schwierig und traurig es auch für meine Eltern sein musste, mich dort stehen zu lassen und ohne mich zurück nach Hause zu fahren.

Zufällig erhielt ich das größte Doppelzimmer und teilte es mit einem anderen Mädchen aus meiner Gruppe. Ich begann, meine Seite des Zimmers einzurichten mit den wenigen Kleidern, Fotos und Plüschtieren, die ich mitgebracht hatte. Ich lernte meine Betreuerin kennen und sie erklärte mir den Wochenablauf und die spezifischen Regeln der Station. Dann stellte sie mich kurz den anderen Jugendlichen vor. Sechs weitere Jugendliche waren auf derselben Station wie ich, auf derselben Etage in unserem Gebäude eine weitere Jugendstation. Die Woche war klar strukturiert und ich musste mich an den Tagesablauf der verschiedenen Therapien halten. Einige Betreuer waren uns Jugendlichen persönlich zugeteilt und jeweils zu zweit vor Ort. Irgendwie fühlte es sich ein wenig an wie ein sehr merkwürdiges Ferienlager.

Dass es das nicht war, merkte man an den Details: Mein Sprühdeo und die Rasierklingen musste ich sofort abgeben, sodass ich damit keine Möglichkeit hatte, mich selbst zu verletzen. Auch die Geschirrschublade war abgeschlossen und die Putzmittel eingesperrt. Auch der Kühlschrank war im Verlauf des Tages abgeschlossen, da einige unter uns Jugendlichen an einer Essstörung erkrankt waren.

Jeden Morgen aßen wir gemeinsam als Station Frühstück. Für mich war das schon einmal die erste tägliche Herausforderung: um acht Uhr morgens umgezogen am Tisch zu sitzen. Für mich eine steile Hürde. Dies wurde auch mit der Zeit nicht einfacher. Wir Jugendlichen versuchten daher, unsere Pyjamas so zu kombinieren, dass diese nicht als Schlafsachen auffielen. Aber diese kleine List wurde meistens von den Betreuern durchschaut.

Danach folgten täglich unterschiedliche Therapien wie die Bewegungstherapie, gestalterische Therapie oder Gespräche mit der Psychologin oder Ärztin. Immer wieder hatten wir auch Gruppengespräche. Untereinander durften wir nur während diesen Gruppentherapien über unsere Geschichten und Schwierigkeiten sprechen. Diese Regel war zu unserem Schutz gedacht, doch in drei Monaten entstehen tiefe Freundschaften und so teilten wir unser Leid täglich. Wie schön zu wissen, dass ich nicht der einzige kaputte Mensch auf diesem Planeten war! Durch diese Freundschaften fühlte ich mich etwas weniger allein.

In der Klinik konnte ich über Dinge sprechen, die für meine Freunde und Familie befremdlich waren. Man hat mich ernst genommen und über Depressionen aufgeklärt. Dies hat mir geholfen, mich und was mit mir geschah etwas besser zu verstehen. Erst da habe ich realisiert, dass meine Vergesslichkeit Teil dieser Krankheit ist und nicht, dass grundsätzlich etwas mit mir nicht stimmt. Die Depression lässt mich das Leben durch einen Filter sehen: Während scheinbar alle die Welt in Farbe bestaunen, nehme ich diese nur schwarz-weiß wahr. Das ist meine Realität. Trotzdem hilft es, mir darüber bewusst zu werden, dass ich Dinge durch diesen Filter wahrnehme und die Farbe trotzdem existiert. Dieses Wissen hilft mir, meine Gefühlswelt und meine durch die Krankheit verzerrte Wahrnehmung einzuordnen, anstatt das Leben als nicht lebenswert einzuschätzen. Das ist ähnlich wie die ganzen Filter auf Instagram: Ich weiß zwar, dass die Menschen auf meinem Bildschirm nicht wirklich so perfekt aussehen, trotzdem vergesse ich das schnell, während ich mir die Fotos ansehe, und nehme es unbewusst als Tatsache wahr.

Wenn man sieben Jugendliche unter ein Dach steckt, muss man damit rechnen, dass die Regeln mitunter etwas anders ausgelegt werden. Und Regeln gab es mehr als genug: Am Abend mussten wir unsere Smartphones abgeben und die Nachtruhe war strikt einzuhalten. Die Zimmer anderer Jugendlicher durften wir grundsätzlich nicht betreten – ganz besonders nicht in der Nacht. Auch wenn wir wussten, dass bei einem Regelverstoß für uns alle Konsequenzen folgen würden, nahmen wir all die Vorschriften nicht ganz so ernst. Schließlich waren die Tage in der Klinik anstrengend und das Aufarbeiten der eigenen Geschichte oft schmerzhaft. Zum Ausgleich brauchten wir ein wenig Spaß und Action.

Um also trotz unserer ernsten Situation ein wenig Leichtigkeit zu genießen, veranstalteten wir nachts heimliche Uno-Wettkämpfe. Das Ganze fühlte sich an wie illegale Pokernächte in einem verrauchten Keller. (Wir spielten mit Miniatur-Uno-Karten vom *Burger King*, irgendwie haben wir es in den drei Monaten nie zu einem normalen Uno-Set geschafft ...) Weil solche nächtlichen Treffen ja untersagt waren, mussten einige meiner neu gewonnenen Freunde durch ihr Zimmerfenster ausbrechen, um dann zwischen Büschen hinter dem Haus entlang zu rennen und bei unserem Zimmer wieder durchs Fenster einzusteigen. Dabei mussten sie bei zwei verschiedenen Nachtwachen unbemerkt bleiben. Viel Geschick erforderte es, der Nachtwache auf dem Gelände draußen auszuweichen, denn diese kreiste ständig um die Klinikgebäude. Aber die größte Herausforderung begann, als wir uns alle für das Spiel im Zimmer eingefunden hatten. – Nämlich die regelmäßig auftauchende Nachtwache auf unserer Station auszutricksen. Die ging nämlich von Zimmer zu Zimmer und kontrollierte jeden Schlafplatz einzeln. Wir sahen keine andere Möglichkeit, der Nachtwache zu entwischen, als Schichtarbeit einzulegen. Anders wären unsere Spielnächte nicht lange geheim geblieben. Da ich mit meiner Zimmerkollegin zu den Veranstalterinnen gehörte, musste ich nie ein Spiel aussetzen, um Alarm zu schlagen, wenn die Nachtwache sich näherte. Die Person, die zum Schutz der anderen die nächtliche Wächterschicht übernahm, funkte so schnell wie möglich in unserem Gruppenchat Alarm. Eigentlich hatten wir ja keine Geräte mehr dafür, da wir unsere Handys abgegeben hatten. Natürlich hatten wir alle ein weiteres Gerät dabei, wie beispielsweise einen iPod oder ein altes Handy. Diese Extrageräte hatten zwar keine SIM-Karte, aber dafür Internetzugang. Deshalb kommunizierten wir über unseren Gruppenchat über den Messangerdienst auf Facebook.

Nach dem Alarm eines Verbündeten musste es schnell gehen. Sehr schnell. Jemand versteckte sich auf der Toilette, die anderen hechteten aus dem Fenster, um in ihre Zimmer zu fliehen, bevor die Nachtwache dort angekommen war. Wenn die Zeit zu knapp war, musste sich auch mal jemand in unserem Schrank oder unter dem Bett verkriechen. Die Nachtwache musste sich so einige unlogischen Ausreden anhören, warum man bei der Kontrolle weder im Bett noch auf der Toilette zu finden war. Ein Freund wurde von der Nachtwache gesehen, wie er durch das Fenster wieder ins Zimmer kletterte, und meinte dann: »Na ja also … ich habe mein Piercing verloren und gedacht, vielleicht ist es aus dem Fenster gefallen, deshalb habe ich draußen danach gesucht.« Zu unserer eigenen Überraschung wurde diese Ausrede ohne Gegenfrage akzeptiert. Vermutlich hat die Nachtwache für uns oft ein Auge zugedrückt…

In der zweitletzten Nacht meines dreimonatigen Aufenthalts in der Klinik hatten wir nicht so viel Glück wie in den vergangenen Monaten. Niemand wollte die »Aufpasserschicht« übernehmen und deshalb das Spiel verpassen. Das Risiko war es uns wert und wir spielten ohne Wache ein illegales Uno-Turnier. Nach einigen

Durchgängen hörten wir eine Tür. Jeder wusste genau, was zu tun war, so rannten alle los. Die Zeit war zu knapp. Der einzige Junge im Zimmer konnte sich glücklicherweise sitzend im Schrank verstecken. Eine Freundin war so erschrocken, dass sie sich einfach mit dem Gesicht an die Wand stellte. Nach langer Zeit und vielen Nächten kam schließlich der Zeitpunkt, an dem unsere illegalen Uno-Nächte aufflogen. Wir wussten, dass wir mit Konsequenzen zu rechnen hatten. Ich habe deshalb meine letzte Nacht allein in der Gummizelle verbracht. Natürlich war das schade, wir konnten keine nächtlichen Raucherpausen aus den Fenstern genießen oder eine letzte legendäre Uno-Runde spielen, aber um ehrlich zu sein: Das war den Spaß in den Monaten zuvor wert. Und auch das Erlebnis in der Gummizelle war einmalig. Ich habe meinen iPod hineingeschmuggelt und die ganze Nacht mit meinen Freunden gechattet.

Viele Jugendliche bei uns auf der Station litten unter Insomnie, also starken Schlafstörungen, und so war in der Nacht immer etwas los. Unsere Lieblingsnachtwache hat uns, wenn wir nicht gerade heimlich Uno spielten, liebevoll Honigmilch nach seinem eigenen Spezialrezept gemacht. Die meisten Betreuer und Nachtwachen in unserer Abteilung waren bemüht und verständnisvoll. Dafür war ich sehr dankbar. Wir Jugendliche haben gemeinsam viele lustige Geschichten erlebt, vermutlich gerade weil unsere Hoffnungslosigkeit und unser Schmerz uns verbanden. Die Freunde von da tragen einen speziellen Platz in meinem Herzen. Natürlich gab es immer wieder auch schwierige zwischenmenschliche Situationen, doch wir haben trotz all unseren persönlichen Herausforderungen viel Schönes zusammen erlebt.

Zurück in der Realität

Nach dem Klinikaufenthalt fühlte ich mich gerüstet, dem Alltag mit neuem Mut zu begegnen. Doch der Wechsel zurück in das »echte« Leben war schwierig. In den vergangenen Monaten konnte ich, wann immer ich es benötigte, ein Krisengespräch führen, destruktives Handeln reflektieren oder eine Tasse Honigmilch genießen. Noch dazu hatte ich keinen Alltagsdruck. Trotzdem war für mich klar, dass ich dem Alltag eine neue Chance geben wollte.

Zu Beginn hatte ich erst mal nur ein geringes Arbeitspensum, aber schon nach einigen Monaten konnte ich wieder meine vollzeitliche Arbeit aufnehmen. Das war ein riesiger Schritt nach vorne und ich feierte diesen Erfolg. Endlich hatte ich wieder das Gefühl, mein Leben in den Griff zu bekommen. Ich konnte selbstständig den Alltag bewältigen, arbeiten, meinen Tag strukturieren. Ein großartiges Gefühl!

Ein weiterer Schritt in Richtung neue Lebensqualität und Selbstständigkeit war mein Umzug in eine eigene Wohnung, raus aus meinem Elternhaus. Noch immer begleitete mich Schwere im Alltag und meine Eltern hatten mich nun schon einige Zeit durchgetragen. Ich wünschte mir auszuziehen, selbstständig für mein Ergehen einzustehen und Verantwortung zu übernehmen. Nach einer so langen, persönlich herausfordernderen Zeit glaubte ich, dass mir Eigenständigkeit helfen würde aufzublühen. Meine Eltern waren noch immer sofort bereit, alles zu ermöglichen, das mir helfen könnte. Also finanzierten sie mir ein Zimmer in einer WG in einer wunderschönen Wohnung mitten in Zürich. Ich vermute, dass gar nicht die Miete für meine Eltern die schwierigste Herausforderung dabei war, sondern mich ein großes Stück mehr loszulassen und zu vertrauen. Dieses Abenteuer und meine neu gewonnene Freiheit erfüllten mich mit Freude und Dankbarkeit. Und doch blieb meine Depression mein täglicher Begleiter.

Einige Monate später verschlechterte sich meinen Zustand wieder. Bessere und schlechtere Wochen kannte ich bereits, doch nun fühlte es sich an, als ob ich wieder rasant in das altbekannte schwarze Loch abstürzte – so als wüsste ich nicht mehr, wo unten oder oben ist. Schöne Dinge bereiteten mir wieder keinerlei Freude, alles ließ mich gleichgültig. Egal, wie viel ich schlief, ich war immer hundemüde. Hatte ich das nicht hinter mir gelassen? Ich verstand nicht, wieso sich einmal mehr diese schwere, dunkle Decke über mich legte. Meine Enttäuschung und mein Frust waren groß.

Obwohl ich es vor der Klinik geschafft hatte, mit der Selbstverletzung aufzuhören, erlebte ich hier einen Rückfall. Natürlich gehören Rückfälle oft zum Heilungsprozess dazu, das war mir bewusst. Ich wusste auch, dass es gerade dann besonders wichtig ist, Hilfestellungen an der Hand zu haben, die mich dabei unterstützen könnten, solche Rückfälle zu überwinden und wieder einen festeren Stand zu finden. Doch auch wenn ich einige Methoden in der Klinik gelernt hatte, mit dem Drang anders umzugehen, erwischte es mich nun besonders schwer. Dieser Rückfall frustrierte mich, da ich doch so sehr gehofft hatte, dass nun alles besser wird. Ich lag da in meinem Zimmer in Zürich und versank in tiefer Hoffnungslosigkeit.

Die Diagnose der Depression war mittlerweile einige Jahre her und seither hatte ich gefühlt jede mögliche Therapie ernsthaft versucht. Was noch sollte ich tun, um endlich ein lebenswertes Leben zu führen? Ich konnte nicht mehr. Ich dachte, wenn so mein Leben aussah, dann wollte ich es nicht. Ein letztes Mal griff ich zur Klinge. Diesmal waren die Schnitte tiefer als sonst, das Blut lief mir über den Arm. Ob man diese Wunde wohl nähen müsste? Ich ließ es darauf ankommen und fiel in einen tiefen Schlaf. Am Morgen aufgewacht war mein erster Gedanke: »Okay, ich bin noch immer auf dieser Erde.« Seltsamerweise war ich erleichtert. Offenbar war also doch noch ein Funken Hoffnung in meinem Herzen. Das Leben musste doch irgendwie auch für mich überlebbar sein. Ich verband meinen Unterarm und ging zur Arbeit. Es fühlte sich komisch an zu arbeiten. Für mich war am Abend zuvor nicht klar, ob ich noch einmal hier stehen würde oder ob mein Vorgesetzter eine traurige Nachricht via Telefon erhält. Doch ich saß wieder hinter diesem Schreibtisch und machte meine Arbeit; niemand ahnte, was für ein Glück ich gehabt hatte, dass ich noch auf diesem Bürostuhl saß…

Die Depression ist häufig unberechenbar, aber ein solches Tief nach einer etwas besseren Zeit ist dennoch wie ein Schlag ins Gesicht. Doch auch diesen Tiefschlag habe ich überstanden und bin unglaublich dankbar, dass ich mich davon wieder erholen konnte. Niemals hätte ich mir an diesem Abend vorstellen können, dass ich nur ein paar Jahre später auf meiner riesigen Terrasse sitzen, einen kühlen Sirup trinken und die Aussicht auf die Baumkronen genießen würde. Mein Alltag heute ist mehr als lebenswert und ich danke Gott, dass ich noch hier auf dieser Welt sein darf. Ja, Rückfälle und Tiefschläge sind grausam schmerzhaft, aber danach wartet das nächste Abenteuer. Und dafür lohnt es sich zu kämpfen.

Lernen zu akzeptieren

Besonders in der Klinik kam es häufiger zu folgender Situation: Wir alle hielten unsere warme Honigmilch in den Händen und schauten fern oder spielten ein Kartenspiel. Plötzlich höre ich, wie jemand laut meinen Namen sagt. »Ja?«, antworte ich und schaue mich um. Meine Freunde in der Klinik verdrehen die Augen und schmunzeln. »Oh, schon wieder?«, frage ich. »Ja, schon wieder«, antwortet die junge Frau neben mir. Ich entschuldige mich und alles läuft weiter wie zuvor ...

Im Rahmen einer schweren Depression kann es passieren, dass man Stimmen oder Geräusche vernimmt, die für andere Personen nicht hörbar sind – oder gar Dinge sieht, die andere nicht sehen. Dies war auch Teil meiner Krankheit. Das war schwierig für mich zu akzeptieren. Bis hierhin hätte ich mich vielleicht für »normal« gehalten, aber ab diesem Punkt definitiv nicht mehr. (Heute weiß ich, dass »normal« nicht existiert; damals war mir das nicht klar ...) Na ja, jedenfalls ist es ziemlich beunruhigend, Dinge zu hören, die andere nicht hören. Also begab ich mich in weitere Abklärungen, ob ich zusätzlich an einer Psychose erkrankt war. Für die Behandlung der Symptome ist dies ein wichtiges Detail. Doch die Diagnose einer Psychose wurde nie offiziell gestellt und Medikamente, um eine Psychose zu bekämpfen, habe ich deshalb abgelehnt. Meine Suche nach einem unterstützenden Antidepressivum war schon nicht gerade einfach. So wollte ich mich nicht erneut so starken Medikamenten und deren Nebenwirkungen aussetzen – auch weil mein Leidensdruck unter den Wahrnehmungen nicht besonders groß war.

Wie auch immer, jedenfalls hörte ich regelmäßig, wie jemand meinen Namen rief. Ich hörte das so klar und laut, dass ich nie lernte, es von einem echten Rufen zu unterscheiden, obwohl die

Stimme mir zu Beginn unbekannt war. Oft passierte es, dass ich in einer Gruppe mit Menschen laut »Ja?« sagte und umherblickte. Natürlich fanden das die Personen um mich herum immer witzig, weil sie ja nicht wussten, dass ich tatsächlich Dinge hörte. Spätestens zu diesem Zeitpunkt konnte ich mich nicht mehr mit dem Gedanken beruhigen, dass viele sich so fühlten wie ich. Besonders die Dinge, die ich sah, waren beängstigend. Ich fühlte mich auf dieser Welt fehl am Platz; wie konnte ich so von der Rolle sein, dass ich Dinge sah, die nicht da waren?

Über diese Aspekte meiner Krankheit habe ich mit meinem Umfeld lange nicht geredet. Ich hatte Angst, dass man mir nicht glauben würde. Diese Wahrnehmungen hatte ich nur über wenige Wochen in meiner Jugendzeit, seither habe ich dies nie mehr erlebt. Natürlich habe ich versucht, meinen Alltag trotz irritierender Sinneseindrücke normal weiterzuleben. So begann ich, diese Dinge einfach zu ignorieren und mir immer wieder einzureden, dass das, was ich sah oder hörte, nicht echt war. Doch eines Tages saß ich in einem lauten Café und hörte eine Stimme über dem Lärm hinweg meinen Namen rufen. Ich habe nicht einmal hochgeschaut und dachte mir: »Das schon wieder.« Einen Augenblick später tippte mir eine Freundin auf die Schulter und fragte mit einem Grinsen auf dem Gesicht, ob ich taub sei. Auch wenn ich diese Phase enorm seltsam fand, hat dieser Teil der Depression meine Lebensqualität weniger verschlechtert als viele andere alltägliche Aspekte der Krankheit.

Es gibt Tage, da scheint mich die Antriebslosigkeit zu verschlingen. Offensichtlich bin ich im Treibsand gefangen und alle rundherum schreiten selbstbewusst über ebenden Sand, der mich zu verschlingen versucht. Dann komme ich stundenlang nicht aus dem Bett, liege den ganzen Tag auf dem Sofa oder starre aus dem Fenster. Ich spüre nicht den kleinsten Funken von Freude oder

Interesse. Nicht einmal Fernsehen oder *Social Media* kann mich dann ablenken. An solchen grauen Tagen kann ich schlicht nur existieren – oder anders gesagt: dahinvegetieren. Wenn sich diese starke Antriebslosigkeit noch mit Trauer mischt, kullern mir langsam und leise einige Tränen über die Backen. Ich weine oft und schluchze selten. Meistens hat sich die Depression so sehr um meinen ganzen Körper geschlungen, dass ich leise vor mich hin weine, bis die Tränen dann vom Schlaf abgelöst werden. Ein lautes, fast kindliches Schluchzen kenne ich kaum mehr, obwohl ich es mir oft wünsche. Es ist, als ob meine Trauer von einem tiefen Schmerz übertönt wird.

Besonders in diesen Momenten des Zerbruchs versuche ich, mit mir selbst mitzufühlen. Ich stelle mir vor, wie ich mit einer Freundin mitfühlen würde, wenn sie leise von Schmerz erdrückt ihre Tränen verliert. Früher wollte ich stark sein. Wenn ich keinen Grund für meine Emotionen sehen konnte, durften sie nicht aufkommen. Heute bricht mir die Härte, mit der wir uns selbst oft begegnen, das Herz. Deshalb möchte ich auch dir zusprechen: Du darfst deine Trauer und deinen Schmerz ernst nehmen und bewusst fühlen, auch wenn du dich selbst noch nicht verstehst. Tröste dich mit einer Tasse Tee oder einem warmen Bad. Diese Barmherzigkeit mir selbst gegenüber ist eines der wichtigsten Dinge, die ich im Prozess der Depression gelernt habe.

Ständig versuche ich, die tausend Splitter meines Inneren zusammenzuhalten und mir selbst zu beweisen, dass ich gar nicht so krank bin. Dabei darf ich die Splitter einfach ansehen und wahrnehmen. Gott ist der, der meine Splitter in seinen Händen hält. Er macht daraus sogar Kunst. Mein zerbrochenes Inneres fühlt sich dunkel an, aber für Gott ist nicht einmal die Dunkelheit finster.

An besseren Tagen versuche ich, mich ganz in Psalm 139 zu vertiefen und ihn mir wie ein Mantra immer wieder vorzusagen.

Wieder einmal kann ich das Schluchzen in meinem Herzen nicht wirklich zulassen, sondern schließe es ein. Die Scherbensplitter dürfen sich nicht in der Sonne glänzend zeigen; stattdessen versuche ich zwanghaft, eine innerliche Ganzheit zu spielen.

Von der Welt zerkratzt

Ich hatte eine neue wunderschöne Handyhülle: Echte Blumen wurden von Hand liebevoll getrocknet, gepresst und eingearbeitet. Die Handyhülle ist einzigartig und wunderschön. Eines Morgens überfuhr unser automatischer Staubsauger genau diese Handyhülle. Völlig verkratzt und an den Ecken abgebrochen, fand ich die Hülle unter dem Saugroboter eingeklemmt. Ich spürte die Splitter und mein Herz wollte darüber weinen. Die Handyhülle war günstig und eigentlich nichts Besonderes. Aber als ich diese verkratzte Schönheit in meinen Händen hielt, überrollte es mich wie eine Welle: Diese Welt ist kalt und grausam. Alles Schöne bleibt nur so lange schön, bis es von dieser brutalen Welt verkratzt und zerbrochen wird.

Der Wald, auf den ich Ausblick habe, ist wunderschön, bis der brutale Winter alles, was blüht, kahl schert und nur die nackten Stämme hinterlässt. Nach Monaten der Kälte haben diese dann endlich wieder genug Kraft getankt, um wieder zu blühen. Doch kaum ist es so weit und sie stehen dort in ihrem Glanz und in ihrer Fülle, kommt schon wieder der Herbst und reißt ihnen die Blätter ab. Genauso fühlt es sich in mir an: Immer wieder komme ich an den Punkt, an dem es sich anfühlt, als ob diese grausame Welt meine Seele überfahren oder erdrücken würde. Dann kommt eine gute Phase und ich sammle Kraft und kann dank Gottes Hilfe wieder etwas aufblühen – nur, um dann wieder zu erfrieren.

Es gibt immer wieder Tage, die sind schrecklich düster. An solchen lässt mich der Gedanke nicht los, dass jegliche Schönheit irgendwann zerstört wird. An solchen Tagen sehe ich keine Schönheit, sondern nur Zerbrochenes und Erdrücktes. Die Kraft, mich dem Psalm 139 zu widmen, kann ich dann nicht aufbringen. Aber manchmal spüre ich, dass ich es auf einen Spaziergang schaffen kann. Ich suche meine ganze Kraft zusammen und begebe mich auf den Weg an meinem liebsten Bach entlang. Endlich traue ich mich, meine Wut über die Zerbrochenheit in mir und in meiner Umwelt Gott mitzuteilen und zuzulassen. Mein Scherbenhaufen ist dann zwar noch immer fürchterlich zersplittert, aber mein Blick wendet sich wieder in die richtige Richtung – darauf, dass Gott die Splitter in seiner Hand hält.

Obwohl es einen täglichen Kampf um Lebenssinn und Lebensqualität bleibt, kann mich die Depression nicht aufhalten. Meine Lehre bei der Großbank habe ich erfolgreich abgeschlossen, zwar in vier statt drei Jahren, aber wer zählt schon mit. Sogar in der Klinik durfte ich schöne Abenteuer erleben. Meine Mädels sind an meiner Seite geblieben und haben mich ausgehalten, als ich mich selbst nicht mehr aushalten konnte. Es bedeutet mir viel zu wissen, wie tragend meine Beziehungen sind. Gemeinsam haben wir Freundschaft gebaut. Es fühlte sich oft an, als hätte ich nichts mehr zu geben; eigentlich aber haben wir gerade auch in dieser Zeit eine neue Tiefe in unserer Freundschaft gewonnen. Aufgrund der Depression habe ich begonnen, Dinge zu hinterfragen, und kann deshalb mutig Veränderungen anvisieren.

Eine Depression bringt ein persönliches neues »Normal« hervor. Innerhalb von diesem neuen Normal erreiche ich trotzdem Ziele, kann Beziehungen bauen, Gutes tun und unbeschreiblich viel mehr.

Der wundersame Gott

Für eine Woche in einem riesigen Zimmer mit zwanzig anderen pubertierenden Mädchen zu übernachten, würde ich auf keinen Fall überleben. Also habe ich in dem *ICF Youth Wintercamp* 2016 gegen einen kleinen Aufpreis ein Vier-Personen-Zimmer gebucht. Mein Snowboard habe ich nicht einmal mit in das Lager gebracht; dass mir dafür die Energie fehlen würde, war mir klar.

Die ersten Tage waren mein größter Albtraum. Ich hatte nur wenig Zeit für mich allein, ständig war es laut und ich habe viel zu wenig geschlafen. Möglichst schnell wollte ich wieder nach Hause fahren und befürchtete sogar, erneut einen Klinikaufenthalt antreten zu müssen. Mein erster Klinikaufenthalt war erst sechs Monate her und auch hier im Lager kämpfte ich nach wie vor mit Suizidgedanken. Jeden Abend weinte ich und auch Panikattacken schlichen sich in dieser Woche mehrfach ein.

Noch immer beherrschte ich die Kunst des Versteckens meiner Gefühle und so habe ich nur sehr wenigen Menschen in dieser Woche Einblick in meine Not gegeben. Eine der älteren Leiterinnen hat mich um ein Gespräch gebeten und bemerkte, wie groß meine Not war. Sie befürchtete, dass ich mir in diesem Camp etwas antun würde, und so habe ich ihr versichert, dass ich dies nicht tun werde. Wir sprachen darüber, dass ich vielleicht etwas früher zurückfahren werde. Ich hielt es so lange wie möglich aus, denn ich wusste, auch zu Hause würde es mir nicht besser ergehen.

Am nächsten Abend kamen einige Freunde, die über meine Krankheit Bescheid wussten, zu mir und fragten mich, ob sie für die Heilung meiner Depression beten dürften. In den vergangenen Jahren hatte ich oft gebetet, dass Gott mich von dieser Krankheit erlösen würde, und auch viele Menschen in meinem Umfeld sind im Gebet für mich eingestanden. Irgendwie habe ich daran geglaubt, dass Gott eine Heilung möglich wäre, aber andererseits wirkte meine Situation aussichtslos und festgefahren. Ich willigte ein und sie sprachen einige Gebete. Schnell merkte ich, dass dieser Abend etwas Spezielles bereithielt. Ich spürte, dass Gott mich fragte, ob ich Freiheit überhaupt zulassen würde. Eine große Unsicherheit und Angst machten sich in mir bemerkbar. In meinem Tagebuch steht zu diesem Moment: »Ich wusste nicht mehr, wie es ist, gesund zu sein, und genau das hat mir Angst gemacht.« Alles in meinem Leben war auswendig gelernt: Wenn ich den Drang zur Selbstverletzung hatte, versuchte ich den Drang zu verlagern. Wenn ich schlaflos war, versuchte ich, Schlafrituale in meinen Alltag einzubauen. Wie würde ein Leben ohne all diese eingeübten Verhaltensweisen, diese kleinen Rettungsanker aussehen?

Ganz besonders stellte sich mir die Frage, was von mir überhaupt noch übrig blieb, wenn ich nicht mehr von der Depression bestimmt werden würde. Trotzdem war ich davon überzeugt: Wenn es Gott möglich wäre und wenn er ein Wunder tun würde, dann wäre auch sein biblisches Versprechen wahr, dass er gut ist. Egal, was mir Gott schenken würde, es wäre besser als das, was ich bereits hatte. Also antwortete ich Gott, dass ich ihm vertraue und die Depression loslassen werde, wenn es in seinem Namen wirklich möglich ist.

Meine Freunde standen noch immer neben mir und beteten für mich. Da geschah das Unmögliche: Ich hatte eine Gottesbegegnung und spürte, wie die Schwere meiner Depression verloren ging. Stattdessen breitete sich in mir eine Leichtigkeit aus. Es fühlte sich an, als ob die Depression einfach von mir abgefallen war.

Ich war in diesem Moment derart überzeugt davon, dass ich nun frei von Depressionen war, dass ich mitternachts meine Eltern anrief und ihnen mitteilte, dass ich nun gesund sei. Natürlich waren sie überaus irritiert über meinen ungewöhnlichen Anruf, aber sie glaubten mit mir an das Wirken Gottes. Zu Hause sahen sie meine funkelnden Augen und haben schnell bemerkt, dass sie ihr Energiebündel wirklich zurückhatten. Kurze Zeit später besuchte ich meinen Psychologen für ein Abschlussgespräch und setzte dann meine Medikamente ab. Mein Psychologe akzeptierte mein abruptes Ende der Therapie, meinte jedoch, dass ich mich zwingend für einen Termin melden sollte, wenn ich wieder Herausforderungen spürte. Schon da wusste ich, ich war auf jeden Fall dazu bereit, sofort wieder zurück zur Therapie zu gehen, wenn ich irgendwelche Anzeichen erkennen würde. Dieser Entscheidung blieb ich treu, denn einige Jahre später habe ich bei einer anderen Psychologin die Therapie wieder aufgenommen.

Es ist oft so, dass solche Krankheiten lebenslange Wegbegleiter werden. Trotzdem geht es zwischendurch schneller bergauf, als man denkt. Wir haben keinen Einblick in Gottes Weisheit und sein Handeln. Aber ich bin fest davon überzeugt, dass Gott heute noch Wunder auf unterschiedliche Arten und Weisen wirkt.

Liebe begegnen

Wenn jemand niest, finde ich das unglaublich eklig. Die Person verteilt ihre Bakterien – wenn ich Pech habe, noch ohne die Ellenbeuge als Schutz zu gebrauchen. Als mein Mann Benjamin und ich uns dateten, musste er laut niesen. Ich konnte einfach nicht anders, als meinem Ekel mit einem lauten »Bääähh« Ausdruck zu verleihen. Heute wäre diese Reaktion aufgrund der Pandemie noch eher verständlich, aber sein schockierter Blick erinnerte mich daran, dass man normalerweise mit »Gesundheit« reagiert. Auf seinen vorwurfsvollen Blick habe ich mit einem Augenrollen reagiert und ein leises »Gesundheit« über meine Lippen gebracht. Mittlerweile habe ich gelernt, meinen Ekel zu unterdrücken und mit einem sehr künstlichen Lächeln Gesundheit zu wünschen. Meistens folgt trotzdem noch ein Augenroller, diesen können aber nur Benjamin und wenige Freunde einordnen. Anders als beim Niesen wünsche ich jeder Person mit einer psychischen Krankheit von ganzem Herzen Gesundheit!

Mein Wunderjahr 2016 neigte sich zu Ende und ich begegnete meinem heutigen Ehemann Benjamin in einem Kinderskilager, in dem wir beide mitleiteten. Benjamin lud mich direkt nach der Lagerwoche auf ein erstes Date ein und es folgten einige verschneite Rendezvous. Benjamin sprudelte über von Lebensfreude und ich tat das auch, aber diese grenzenlose Freude hatte ich erst neu wiederentdeckt. Es war mir sehr wichtig, mit offenen Karten zu spielen. Entweder, er würde sich ganz für mich mit meinem Lebensrucksack entscheiden oder eben nicht. Also habe ich ihm bereits nach wenigen Treffen von meiner vergangenen Depression erzählt. Es prallten zwei Welten aufeinander. Benjamin hatte noch keine längere schwierige Zeit in seinem Leben erlebt. Aber er nahm mich ernst und versuchte, die Depression und ihre Auswirkungen auf meine vergangenen Jahre zu verstehen. Obwohl man sagt, dass Depressionen zu den Krankheiten gehören, die schnell wieder einbrechen können, glaubten wir, dass ich geheilt war und bleiben würde.

Unser gemeinsames Abenteuer durch das Leben begann und war von Beginn an voller Leichtigkeit. Benjamin hielt in der französischen Stadt Annecy, auch das Venedig der Alpen genannt, um meine Hand an und ich durfte von ganzem Herzen Ja zu ihm sagen. Kurz vor der Hochzeit zogen wir gemeinsam in unsere Traumwohnung ein. Na ja, fast: Unsere Wohnung hatte sehr viel Verspätung im Bauprozess und so zogen wir in eine Übergangswohnung in Altstetten und erst einige Zeit später in unsere eigentliche Traumwohnung ein. Noch mitten im Teilzeittheologiestudium durfte ich eine neue Arbeitsstelle im ICF Zürich, dem *Oneighty*, antreten. Auch Benjamin begann eine neue Arbeitsstelle bei Apple im Detailhandel.

In diesem Sommer zogen wir um, heirateten und traten beide eine neue Arbeitsstelle an. Kurz gesagt: Wir entschieden uns zu einem komplett neuen Leben. Kurze Zeit später hielt dann auch in der Schweiz die Covid-Pandemie Einzug. Ein Szenario, dass uns allen völlig fremd war. Was bedeutet »Pandemie« überhaupt? Unser rundum neues Leben stand zusätzlich kopf...

Endlich waren wir in unserer heiß geliebten Wohnung angekommen. Kaum war diese fertig eingerichtet, entdeckten wir in unserem Badezimmer einen Wasserschaden. Schon wieder mussten wir in eine Übergangswohnung ziehen. Unsere eigentliche Wohnung mussten wir räumen und unsere gesamte Einrichtung in einem Lager einstellen. Für knappe drei Monate benötigten wir Gott sei Dank nicht viele Dinge; wir arbeiteten und studierten beide zugleich und waren oft unterwegs. In diesem kleinen Studioappartement würden wir nur schlafen – dachten wir zumindest.

Wenige Tage nach unserem Einzug in das Studio informierte die Schweiz über einen per sofort gültigen Lockdown. Benjamin und ich verbrachten also drei Monate gemeinsam eingesperrt in einem Zimmer. Mein größter Frust war es, dass ich weder Bücher noch Malsachen oder wenigstens ein Puzzle eingepackt hatte – alles, womit ich meinen Alltag in dem Studio hätte füllen können, stand in einer riesigen Lagerhalle. Jeden Tag haben wir also neue Spazierrouten durch den Wald gesucht und mit Stühlen und Kartonkisten auf der Terrasse ein Stehpult gebaut. Ich kann mich an unzählige Videoanrufe auf der Terrasse oder auf der Toilette erinnern; dies waren die einzigen Türen, die man schließen konnte. Dennoch beschwerten sich bei den vielen parallelen Videoanrufen von Benjamin und mir immer wieder Gesprächspartner über ablenkende Stimmen im Hintergrund.

Meinen flauschigen rosa Bademantel entdeckte ich als neue Lieblingsjacke. Ich glaube, es lag an dieser Jacke, dass der Türsteher vom Einkaufsladen im selben Gebäude und ich schnell Freunde wurden. Tägliche Einkäufe für Snacks und Energydrinks erledigte ich im Bademantel; irgendwie schien dies zu einem Gespräch einzuladen. Benjamin und ich haben die drei Monate gut gemeistert und die Zeit gemeinsam sogar genießen können. Es war uns bei Weitem nicht bewusst, wie lange diese Pandemie uns alle noch einschränken würde ...

Während des Lockdowns hatte ich genug Zeit zum Nachdenken. Mir wurde bewusst, dass ich einige Gespenster der Vergangenheit noch nicht endgültig verjagt hatte. Es war, als ob ich in all den Gesprächsterminen während meiner Jugend immer nur die Wunden versorgt hatte, die am stärksten bluteten. Doch einige alte Wunden waren wohl nicht sauber verheilt. Also habe ich mich nach ungefähr fünf Jahren wieder bei einer Psychologin gemeldet. Zwar kannte ich sie noch nicht, doch sie wurde mir von einer Bekannten empfohlen. Es war mir wichtig, dass meine neue Begleitperson christlich war. Ich studierte Theologie, arbeitete in einer Kirche und hatte mein ganzes Leben auf meinen christlichen Werten aufgebaut. Es schien mir zu kompliziert, die gesamte freichristliche Kultur zu erklären. Ich spazierte also durch den Wald und rief diese Psychologin an. Sehr knapp schilderte ich meinen jahrelangen Weg durch die Depression und meine aktuellen Gedanken zu meinen alten Wunden. Sie war verständnisvoll und fragte mich, ob ein Gesprächstermin für mich dringend sei oder ob sie mich auf eine Warteliste setzen dürfe. Ein erster Termin war für mich keineswegs dringend und so setzte sie mich auf ihre Warteliste. Ich wartete ein ganzes Jahr, bis die Psychologin einen Gesprächstermin für mich frei hatte. Ein Jahr voller Einschränkungen, Homeoffice und Onlinevorlesungen war vergangen und die Herausforderung meiner Bachelorarbeit stand bevor.

Schnell war mir klar, dass ich mich bei dieser Psychologin sehr wohlfühlte, und ging bei ihr von nun an alle zwei Wochen zu einem Gesprächstermin. Nach wenigen Monaten erhielt ich überraschenderweise erneut die Diagnose einer Depression. Wie um Himmels willen hatte ich das erneut nicht kommen sehen können? Schließlich kannte ich Depressionen doch schon und hatte mich viel mit dieser psychischen Krankheit auseinandergesetzt!

Dieses Mal verlief die Depression anders, da ich viel früher Hilfe in Anspruch nahm und mein Leben maßgeblich anders gestaltet war. Obwohl ich nicht erneut mit einer schweren Erkrankung gerechnet habe, wusste ich, dass ich diese Diagnose ernst nehmen musste. Mit 23 Jahren stand ich also wieder an einem Punkt in meinem Leben, an dem ich lernen musste, mich selbst ernst zu nehmen und gut zu umsorgen.

Ganz bewusst teilte ich die Diagnose meinem Umfeld mit. Das hieß für mich: Gespräche mit Benjamin, meiner Familie, meinen Freundinnen und meinen Arbeitskollegen und -kolleginnen. Mit all diesen Menschen hatte ich bereits über Depressionen gesprochen, doch immer aus der Perspektive einer gesunden, erwachsenen Frau, die eine schwierige Jugendzeit hatte. Nun aber kämpfte ich gegen die zweite Diagnose.

Die Menschen in meinem Umfeld zweifelten trotz meiner psychischen Erkrankung nicht an meiner Beziehung zu Jesus. Vielmehr tat es ihnen weh zu hören, dass ich wieder durch ein Tal schreiten muss. Als Pastorin in der ICF Church durfte ich bald auch über meine aktuellen Schwierigkeiten aufgrund der Depression und meiner Hoffnung in Jesus berichten. Vor wenigen Jahren noch erzählte ich in genau dieser Kirche meine Wundergeschichte, dass ich von Depressionen geheilt wurde. Es begeistert mich nach wie vor, dass diese Authentizität in der Kirche möglich ist. Gott hat Bestand, seine Treue gilt und wir dürfen niemals durch eigene Stärke versuchen, die Glaubwürdigkeit Gottes zu beweisen. Dann befinden wir uns weit weg von der Wahrheit.

Meine Hoffnung ist, dass ich mit Gottes Hilfe ein lebenswertes Leben führen und durch seine Herrlichkeit auf dieser Welt strahlen darf. Mutter Teresa hat ein Gedicht verfasst, das häufig die Formulierung »trotzdem« enthält. Ein Satz aus diesem Gedicht von ihr, der mich sehr beeindruckt, lautet: »Ehrlichkeit und Offenheit machen dich verwundbar. Sei trotzdem ehrlich und offen.« In einer Predigt in der ICF Church hat eine Freundin dazu ermutigt, jede Person soll mit der Hilfe des Heiligen Geistes einen eigenen »Trotzdem-Satz« für das Leben formulieren. Mein Satz lautet: »Depression kann Teil meines Lebens sein. Trotzdem werde ich ein Leben lang die Herrlichkeit Gottes verkünden.« Der Satz spiegelt meine Hoffnung auf einen Gott, der eines Tages alle Tränen abwischen wird. Wie sehr ich mich danach sehne! Genauso zeigt es meine Hoffnung, dass Gott täglich belebende Wunder in mir bewirkt.

Pandemie hin oder her

Auch die Schweiz wurde also von der Covid-Pandemie eingeholt und es folgte eine lange Zeit geprägt von Unsicherheit und zwanghaften Veränderungen. Für sehr viele Menschen war diese Zeit herausfordernd; auch ich musste meine Skills und Routinen neu anordnen und einüben. Besonders stark bemerkbar machte sich die Antriebslosigkeit. Weder zu einer konkreten Zeit aufzustehen noch regelmäßige Termine konnten mir einen festen Tagesablauf oder Wochenplan bieten. Es forderte mich zu stark heraus, meine Woche zu strukturieren und diesen Plan auch wirklich einzuhalten. Ich zweifelte daran, ob es überhaupt einen Unterschied machen würde, ob ich wirklich aufstand und meinen Tag begann oder doch erst eine Stunde später.

Von zu Hause zu arbeiten, bietet viel Flexibilität und Möglichkeiten, genauso aber auch viele Gefahren. Selten konnte ich mich dazu überwinden, mich anzuziehen. Weder hilft es dem Energielevel, ständig im Pyjama oder Bademantel zu sein, noch fördert es den kreativen Output. Einfach mal einen Ausflug ins Fitnessstudio zu unternehmen und körperliche Grenzen sprengen war nicht mehr möglich. Zu Hause Sportübungen zu machen, schien mir ebenfalls nicht im Bereich des Möglichen. Auch in der Kirche mit Freunden und Fremden gemeinsam Gott feiern war sehr kompliziert oder unmöglich. Alle meine Ressourcen schienen wegzubrechen.

Das Gefährliche dabei war: Ich wartete die ganze Zeit darauf, dass sich die Normalität wieder einstellte. Doch zum Glück merkte ich schnell, dass ich nicht wie ein ängstliches Reh vor dem Scheinwerfer versteinert stehen bleiben konnte. Es war an der Zeit, sich mit der Situation zu arrangieren und alles zu tun, um irgendwie das Nötigste bewältigen zu können. So versuchte ich, neue Routinen in meinen Pandemiealltag einzubinden und Ressourcen zu schaffen.

So oft es ging, spazierte ich durch die Natur. Eine alte Kamera inspirierte mich dazu, Pflanzen, Gebäude und Menschen zu fotografieren. Das Schöne daran war, dass ich es schaffte, allein etwas Gutes für mich zu tun. Von einer Freundin lieh ich ein Tausenderpuzzle aus, meine Mutter brachte mir ihre Malsachen und einige Leinwände vorbei. Obwohl ich nichts für ein *Do-it-yourself*-Projekt in dieser Übergangswohnung dabeihatte, kein Alltag außerhalb dieser vier Wände stattfand und ich mich am liebsten totgestellt hätte, habe ich es geschafft, mir neue Skills auszudenken und in den Alltag zu implementieren. Vor dieser Herausforderung stand wohl jede Person während der Pandemie. Ich wusste, wie wenig ich es mir leisten konnte, in eine komplette Gleichgültigkeit zu versinken.

Große Menschenmengen und Gesellschaft haben wir über zwei Jahre bewusst gemieden. Mir fiel es deshalb sehr schwer, mich danach wieder an hektische Menschenmassen zu gewöhnen. Einigen Personen in meinem Umfeld ging das auch so. Trotzdem bin ich nicht sehr verständnisvoll mir selbst gegenüber, wenn ich auf einmal neue Herausforderungen erlebe, die zuvor kein Problem für mich darstellten. Mein unwohles Gefühl hatte womöglich gar nichts mit meiner Depression zu tun, sondern war eine normale Reaktion auf die Umstände während der Pandemie. Trotzdem fürchtete ich sogleich, dass sich meine Depression weiter verschlimmerte.

Auch wenn mich diese Nervosität oder gar Angst in Menschenmassen frustriert, weiß ich, dass ich mir Strategien zulegen muss, um damit umzugehen. An Bahnhöfen, in Einkaufszentren oder in der Stadt gehe ich bewusste Umwege, um nicht durch Menschenmengen laufen zu müssen. Anders ist es jedoch in der ICF Church. Hier bin ich oft mitten im Getümmel und kann mich nicht ganz rausnehmen, da ich mich in meinem Arbeitsumfeld befinde.

Während ich dieses Buch schreibe, ist der Start der Pandemie gut zwei Jahre her, aber irgendwie habe ich mich noch immer nicht damit abgefunden, dass wir in der Schweiz tatsächlich einen Lockdown erlebt haben und das Toilettenpapier über Wochen ausverkauft war. Und bevor irgendwer die Chance hat, dieses einschneidende Erlebnis wirklich zu verarbeiten, bricht Krieg aus. Russland marschiert in die Ukraine ein. Wie kann das sein? Ich fühle mich so sicher in meiner kleinen, europäischen *Bubble;* so nahe kann doch wohl nicht plötzlich Krieg herrschen? Zu allem Überfluss entscheiden meine Eltern zur gleichen Zeit, sich nach 30 Jahren Ehe zu trennen. Was für ein Schlag! Hat auf dieser Welt irgendetwas noch Bestand? Viele Gegebenheiten, die ich für selbstverständlich gehalten habe, sind wohl doch nicht so sicher, wie ich dachte. Ja klar, Eltern trennen sich – aber doch nicht meine! Natürlich gibt es Krankheiten und Infektionen, doch keine, die im zwanzigsten Jahrhundert die ganze Welt lahmlegen. In einigen Ländern herrscht seit Langem Krieg, aber nicht bei uns in Europa!

In meinem kleinen Kosmos konnte ich mich bis dahin sicherfühlen. Ich wusste, wo ich Stabilität finden konnte. Doch in nur wenigen Tagen verschwanden diese Sicherheiten endgültig. Das führte mich zurück zu meiner Abhängigkeit Gottes. Egal, worauf ich mich im Leben stütze – seien es Menschen, Freiheit, Ansehen oder Medikamente –, nur Jesus ist ein wirklich standhaftes Fundament. Ich habe nicht bemerkt, dass ich bis dahin meine Lebensstabilität auf die gegebene Sicherheit der Schweiz gelegt hatte. Was, wenn unsere Generation in der Zukunft noch ganz andere Zeiten erwartet? Sogar im reichsten und sichersten Land der Welt bin ich ernsthaft angewiesen auf einen Gott, der seine Treue hält.

In den schönsten Momenten in meinem Leben sagten Menschen: »Natürlich betest du Gott an, dir geht es ja auch wahnsinnig gut und du bist überaus beschenkt.« Aber auch in meinen tiefsten Krisenzeiten bekam ich zu hören: »Natürlich betest du Gott an, du bist ja auch hoffnungslos am Ende.« Das klingt vielleicht zunächst paradox, aber im Grunde ist es ein wunderbares Zeichen: Egal, ob meine vermeintlichen Sicherheiten im Leben bestehen bleiben oder nicht, ich bete einen Gott an, der über allem steht und nicht von äußeren Umständen abhängt.

Ich bin sehr reflektiert, lebe bewusst und bete Gott an. Deshalb wirkt meine Depression manchmal fast glänzend. Aber die Wahrheit ist alles andere als das. Tagelang liege ich im Bett und sage sogar Verabredungen mit meiner besten Freundin bei mir zu Hause ab, weil mich der Gedanke daran überfordert. Oft vergesse ich zu essen und habe über Monate kein Hungergefühl mehr. Ich weine tagsüber auf der Toilette, weil mein Herz ohne ersichtlichen Grund schmerzt. Eines Tages ging ich direkt nach dem Gottesdienst nach Hause, weil ich die vielen Eindrücke und den Lärm nicht mehr aushalten konnte. Sobald ich zu Hause war, überrollten mich Zweifel. Hätte ich nicht noch wenigstens mit zwei oder drei Personen sprechen können? War ich wirklich so am Limit? Eigentlich sollte ich doch noch immer da sein. Voller Wut schlug ich gegen die Wand. Solche Momente sind genauso Teil meines Alltags. Ich bin nicht nur die Heldin, die konstruktive Wege kennt, um trotz meiner Depression aufzublühen.

Wahre Stärke

Meine Stärke lässt mich oft glauben, unabhängig zu sein. Gerade deshalb nehme ich nur ungern Hilfe in Anspruch. Hilfe annehmen oder gar einfordern ist wirklich schwierig, denn es setzt immer eine offene und ehrliche Kommunikation voraus. Wie schwer mir das fällt, sieht man vielleicht daran, wie spät ich mich gegenüber meinen engsten Freundinnen geöffnet habe. Seit zehn Jahren bin ich mit meinen Mädels aus der Oberstufe befreundet. Und doch war ich erst nach meinem Klinikaufenthalt dazu in der Lage, ihnen Einblick in meine Krankheit zu geben. Dieses Gespräch in Angriff zu nehmen, forderte mich sehr heraus, denn ich musste Verletzlichkeit zulassen und Ernsthaftigkeit suchen.

Kurz nach meiner stationären Therapie saß ich zusammen mit Justyna und Audrey auf meinem kleinen Balkon in Zürich und ich wusste: Es war höchste Zeit, sie einzuweihen. Ich konnte es nicht weiter aufschieben, meinen Freundinnen ehrlich in mein Leiden Einblick zu gewähren. Wie viel einfacher wäre es gewesen, die Nachmittagssonne und den Geruch von unserem frischen Kaffee zu genießen! Doch ich wusste, wie viel ich ihnen bedeute, ich wollte sie wirklich teilhaben lassen. Also holte ich tief Luft und meinte: »Mädels, ich möchte euch erzählen, was es für mich heißt, an dieser Depression zu leiden…«

Sie haben mir zugehört. Lange. Justyna stellte einige Rückfragen, um sicherzugehen, dass sie mich richtig verstand. Audrey nahm mich einfach in den Arm und hielt mich fest. Beides tat mir so gut. Sie trösteten mich und versicherten mir ihren Beistand. Und schon bald darauf haben wir wieder gemeinsam rumgealbert. Unsere Beziehung wurde an diesem Sommernachmittag gestärkt, denn ich spürte: Auf diese Mädels darf ich in meiner schwierigen Zeit zählen.

Doch auch Jahre später noch finde ich es nach wie vor schwierig, offen über meine Schwächen zu sprechen. Auch und gerade, wenn es um meinen Beruf als Pastorin geht. Während der Corona-Pandemie wurde das besonders deutlich. Der digitale Arbeitsalltag forderte mich an den Sonntagen besonders heraus. Es war an mir, die Onlinegottesdienste zu moderieren. Die Moderation machte mir Spaß und doch war es zu viel. Mein Arbeitstag verlängerte sich von 14 Uhr auf 21 Uhr. Ich wusste, dass ich mich hätte rausnehmen können, doch ich wollte stark sein und weiterhin Extrameilen gehen, um Kirche zu ermöglichen – so wie alle anderen Mitarbeiter der ICF Church auch.

An einem Sonntagnachmittag konfrontierte mich mein Vorgesetzter mit der Situation. Er fragte mich: »Wäre es vielleicht sinnvoll, wenn du die Onlinemoderation für eine Weile abgibst? Ich sehe, dass der Sonntagsalltag für dich sehr anstrengend ist, und ich möchte, dass es dir gut gehen darf und du nicht am Limit läufst. Du machst das nach wie vor sehr gut, aber tut es dir auch noch gut?« Es war spürbar, dass ihm diese Frage unangenehm war. Schließlich könnte ich sie als höflichen Rausschmiss verstehen, weil meine Moderationen nicht mehr gut genug waren. Sein wirkliches Anliegen habe ich zum Glück wahrnehmen können: Er wollte mich schützen. Bestimmt kostete es ihn Mut. Es berührte mich sehr, dass er mir das Angebot machte, mich rauszunehmen. Ich fühlte mich unglaublich wertgeschätzt und ernst genommen. Es ging ihm nicht in erster Linie darum, dass die nötigen Positionen am Sonntag besetzt waren, sondern dass es mir als Mensch gut gehen durfte.

Mein Vorgesetzter hat mir geholfen, über meinen eigenen Schatten zu springen und seine Hilfe anzunehmen. Noch am gleichen Tag löschte ich alle zukünftigen Einteilungen am Sonntagabend. Dann sagte er zu mir: »Es ist toll, wenn du in der Kirche bist, du prägst die Stimmung so positiv. Trotzdem ist es mir wichtig, dass du weißt: Du darfst auch einfach zu Hause bleiben und nur dann kommen, wenn du wirklich magst.« Eigentlich wusste ich das; trotzdem tat es mir gut, diese Freiheit von ihm nochmals bestätigt zu bekommen.

Ich weiß, dass es für meine Freunde und Familie besonders schwierig ist, nichts unternehmen zu können. Diese Hilflosigkeit ist für meine Liebsten kaum auszuhalten. Trotzdem inspiriert mich ihre Kreativität ständig neu dazu, mir selbst Gutes zu tun. Eine Freundin z. B. hat mir angeboten, Benjamin und mir im Haushalt zu helfen. Ich hatte ihr immer erzählt, wie sehr ich darunter leide, dass Benjamin über viele Monate hinweg neben seiner Vollzeitanstellung unseren Haushalt alleine tragen muss. Sie sagte, sie könne vorbeikommen und unsere Wohnung aufräumen und putzen – auch mehr als einmal. Wie dankbar ich für dieses Angebot war! Gar nicht so sehr wegen der zugesagten Unterstützung, sondern weil sie mir zugehört hatte und mich darin ernst nahm, dass ich es einfach nicht auf die Reihe kriege, etwas im Haushalt beizutragen. Noch mehr berührte mich jedoch, dass sie dies trotz ihrer Angst davor tat, mich zu verletzen. Sie sagte: »Du bist nicht unfähig dazu und ich nehme dich als sehr selbstständig wahr, trotzdem sehe ich die Möglichkeit, euch in dieser Phase damit praktisch zu unterstützen.«

Ich habe oft erlebt, dass Menschen aus Angst davor, etwas Falsches zu sagen oder zu tun, sich nicht trauen, mich mit meinen Schwierigkeiten überhaupt zu konfrontieren. Einige Freunde aus der ICF Church haben mir immer wieder mitgeteilt, dass sie nicht wissen, wie sie am besten für mich beten könnten. Deshalb habe ich ausformuliert, wobei ich ganz dringend auf Gottes Eingreifen und Hilfe angewiesen bin: Im Umgang mit meinen täglichen Herausforderungen brauche ich dringend göttliche Weisheit. Ich bitte also gemäß Jakobus 1,3 zu beten: »Wenn jemand unter euch Weisheit braucht, weil er wissen will, wie er nach Gottes Willen handeln soll, dann kann er Gott einfach darum bitten. Und Gott, der gerne hilft, wird ihm bestimmt antworten, ohne ihm Vorwürfe zu machen« – damit ich noch mehr erkenne, was mir guttut und mir eine Unterstützung ist. Viele Dinge durfte ich schon verstehen. So zum Beispiel, dass ich genügend und regelmäßigen Schlaf brauche oder dass Liedtexte mich stark beeinflussen. Ich wünsche mir noch mehr solche Weisheiten.

Ein weiteres Gebetsanliegen ist es, dass ich dank göttlicher Stärke jeden Tag meiner Depression den Kampf ansagen kann. Hierfür nutze ich oft den Vers in Psalm 28,7 als Gebetsinspiration: »Er hat mir neue Kraft geschenkt und mich beschützt. Ich habe ihm vertraut, und er hat mir geholfen. Jetzt kann ich wieder von Herzen jubeln! Mit meinem Lied will ich ihm danken« (HFA). Doch ich merke, dass ich nicht nur Gottes Stärke, sondern auch übernatürliches Durchhaltevermögen brauche. Oft fühlt es sich für mich so an, als ob ich meine Kraft gegen die Depression völlig sinnlos einsetze. Darum brauche ich Gebet, weiterhin daran festzuhalten, dass Gott mit mir ans Ziel kommt.

Ich bin davon überzeugt, dass keine Diagnose dem im Weg stehen kann, was Gott mit mir vorhat. Deshalb proklamiere ich stets den Psalm 84,6-7 über mir: »Glücklich sind die Menschen, die in dir ihre Stärke finden und von Herzen dir nachfolgen. Wenn sie das Tal der Tränen durchqueren, wird es ihnen zu einem Ort erfrischender Quellen, und der Frühregen bedeckt es mit Segen.« Auch im Tränental entspringen in mir Quellen. Gottes Leben schenkende Kraft spüre ich täglich in mir. Dafür lobe ich Gott und dafür kann mein ganzes Umfeld den einzig wahren Gott feiern und anbeten.

Etwas Weiteres, um Gott dankbar zu sein, ist, dass ich trotz allem Frieden im Herzen trage. Ich kenne diesen Frieden, weil Gott immer das letzte Wort hat und ich tief daran glaube, dass seine Versprechen als Versorger und Beschützer wirklich wahr sind. Natürlich dürfen Menschen auch dafür beten, dass Gott mich heilt. Gott ist und bleibt ein heilender Gott, egal, wie viele Fragen sich dazu in unserem Herzen öffnen mögen, ich bleibe stets davon überzeugt. Gott ist ein heilender Gott. Für diesen Wesenszug Gottes nennt die Bibel den göttlichen Namen Jahwe Rapha.

Medis oder lieber nicht?

Sehr viele Personen, die an Depressionen leiden, fragen mich, ob sie dem Rat ihres Arztes folgen und wirklich medikamentöse Unterstützung in Anspruch nehmen sollen. Ich habe keine medizinischen Kenntnisse, teile aber gerne meine persönlichen Erlebnisse mit Antidepressiva.

Mein Psychologe meinte schon recht bald nach Beginn der Therapie, dass ich mich in Abklärung begeben sollte, ob Medikamente für mich eine sinnvolle Unterstützung sein könnten. Ziemlich schnell waren sich alle Ärzte und Psychiater einig, dass ich Antidepressiva zusätzlich zu den wöchentlichen Terminen bei meinem Psychologen nehmen sollte. Auch ich kannte all die Vorurteile über diese starken Medikamente, entschied mich aber trotzdem dafür, den Fachleuten zu vertrauen. Leider war für mich das Einstellen der Medikamente außerordentlich anstrengend und langatmig. Es ist normal, dass man vielleicht ein oder sogar zwei Medikamente nach kurzer Zeit wieder absetzen muss, weil sie nicht greifen. Bei mir waren es allerdings überdurchschnittlich viele, mit denen ich startete und die ich wieder absetzen musste. Vielleicht muss ich den Ablauf etwas näher erläutern, um klarzustellen, wie aufwendig so eine medikamentöse Einstellung sein kann…

Man nimmt ein Medikament immer ungefähr zwei bis drei Monate, um zu sehen, ob ein Spiegel davon im Körper zu erkennen ist. Wenn nicht, setzt man es langsam über ca. zwei bis drei Wochen wieder ab. Dann wiederholt sich der ganze Prozess mit einem nächsten Medikament, bis eines dann hoffentlich schließlich anschlägt. Mitunter dauert es mehr als ein Jahr, bis das richtige Präparat gefunden ist. Das war wirklich eine frustrierende Zeit. Ich hatte bereits alles Menschenmögliche unternommen, damit es mir besser gehen konnte, und trotzdem merkte ich noch keine Resultate. Die unterschiedlichen Nebenwirkungen machten meinen Körper zu einem fürchterlichen Karussell für mich.

Die schlimmste Nebenwirkung war jedoch, dass ich mit einem Medikament in eine starke Gleichgültigkeit verfiel. Ich verlor jede Art von Gefühlen; weder Trauer, Freude, Angst oder sonstige Emotionen konnte ich mehr fühlen. Das war für mich die schlimmste Episode in meiner Depressionsgeschichte. Nichts zu fühlen ist, meiner Meinung nach unfassbar viel schlimmer als zu leiden. Meine Eltern haben mich kaum wiedererkannt; alles schien mir gleichgültig und ich hatte keinerlei unterschiedliche Gefühlslagen mehr. Kein Leiden oder Überforderung konnte ich mehr wahrnehmen, geschweige denn mitteilen.

Zu diesem Zeitpunkt war ich bereits in der Klinik. Zum Glück waren die Psychologen dort sehr aufmerksam und haben mit der Ärztin über meine Verhaltensveränderung gesprochen, sodass ich das Medikament schnell wieder absetzen konnte. Nach diesem schrecklichen Erlebnis kam dann endlich die Erlösung: Wir fanden ein Medikament, das anschlug. Was für eine große Erleichterung! Dieses Antidepressivum hob meine Grundstimmung und half mir, meinen Alltag etwas einfacher zu bewältigen. Zusätzlich bekam ich immer wieder Beruhigungsmittel, da ich unter starken Schlafstörungen litt. Auch mit solchen Mitteln kenne ich mich zu wenig aus, um hier eine klare Aussage zu treffen. Ich habe meinen Ärzten und Psychiater vertraut und mich auf das eingelassen, was sie für mich zusammengestellt haben.

Heute nehme ich wieder dasselbe Medikament, das damals bei mir als Jugendliche dann endlich anschlug. Dass ich weiß, welche Antidepressiva ich gut vertrage und als unterstützend wahrnehme, macht meine aktuelle Situation sehr viel leichter. Zusätzlich nehme ich ein weiteres Mittel, das meinen Antrieb steigert. Dafür bin ich sehr dankbar; die starke Antriebslosigkeit stand mir sehr im Weg. Dieses Medikament habe ich von Beginn an gut vertragen, nur die Nebenwirkungen in den ersten paar Tagen waren extrem heftig. Der Psychiater hat mich nicht groß über die vielen Nebenwirkungen aufgeklärt – vermutlich, da ich zu dem Zeitpunkt bereits eine so lange Depressionsgeschichte hatte. Also habe ich gleich am nächsten Tag der ärztlichen Sitzung das zusätzliche Medikament eingenommen.

Ein schwieriger Tag stand mir bevor. Der Vater von guten Freunden meiner Familie war verstorben. Die Familienfreunde hatten keine Verbindung zur Kirche, ihr Vater allerdings war religiös. So fragten sie mich, ob ich den Abschiedsgottesdienst halten könnte. Meine Mutter nahm mich mit dem Auto mit und ich bereitete zusammen mit den Musikern alles für die Abdankung vor. Ich begrüßte die Trauernden und stellte mich als Pastorin vor. (Die Erfahrung hat gezeigt, dass es einfacher ist, dies gleich zu Beginn zu tun, da die Menschen sonst bis zum Ende des Gottesdienstes auf den Pfarrer warten.) Nach dem Ave-Maria hielt ich eine Predigt über die göttliche Gegenwart in Trauer und Abschied. Die Beerdigung konnte ich gut meistern, doch zu Hause angekommen, fiel ich sofort wieder in mein Bett.

Einige Tage später suchte ich mein Fahrrad. Ich erzählte es einer Kollegin, als wir von der Kirche nach Hause laufen wollten. Als wir am Fahrradständer vorbeikamen, zeigte meine Kollegin auf eines der Räder und fragte: »Ist nicht das deins?« Aber warum sollte es hier stehen? Ich war in den letzten Tagen nicht Fahrrad gefahren. Ich nahm das unabgeschlossene Fahrrad mit und rief Benjamin an. Wieso würde er mein Fahrrad statt seines nehmen? »Äh, nein, dein Fahrrad bin ich nicht gefahren. Das ist so klein, ich glaube nicht einmal, dass ich es fahren könnte«, meinte Benjamin am Telefon.

Es war ein Rätsel. Wie war mein Fahrrad zur Kirche gekommen? Am Nachmittag traf ich meine Mutter und erzählte ihr, dass ich mein Fahrrad wiedergefunden hatte, ohne es überhaupt je verloren zu haben, und dass ich einfach nicht wisse, wie es dort gelandet ist. Meine Mutter schaute mich verdutzt an und fragte, ob ich es denn nach der Beerdigung nicht abgeholt habe. Was meinte sie damit nur? Sie hatte mich doch mit dem Autor gefahren! Sie erklärte, sie habe mich mit dem Auto bei der ICF Church abgeholt, weil ich die Kanzel noch holen musste. Ich sei aber mit dem Fahrrad von mir zu Hause zur Kirche gefahren. Ich konnte mich schlicht nicht daran erinnern. Etwas verunsichert erzählte ich meiner Psychologin beim nächsten Termin von meinem totalen Blackout. Sie antwortete mir beruhigend: »Das kann sehr gut sein. Dein neues Medikament kann solche Erinnerungsverluste in den ersten Tagen hervorrufen.« Ich war komplett geschockt. Was wäre gewesen, wenn ich während der Beerdigung so einen Blackout gehabt hätte? Meine Erkenntnis daraus ist, dass ich seitdem immer zweimal nach den kurz- und langfristigen Nebenwirkungen von Medikamenten frage.

Eine Nebenerscheinung der Depression oder eben der Medikamente kann der Verlust der Libido sein. Meine Lust auf Sex minderte sich aufgrund der Nebenwirkungen des zweiten Antidepressivums. Grundsätzlich würde ich sagen, dass mein sexueller Antrieb stärker ist als der von Benjamin. Doch je mehr sich in meinem Körper der Spiegel dieses Antidepressivums aufbaute, desto weniger suchte ich die Körperlichkeit. Auch über diese Nebenwirkung wurde ich nicht aufgeklärt. Ich wusste aber, dass dies ein bekannter Nebeneffekt sein kann. Gott sei Dank sprechen Benjamin und ich offen und zwanglos über unsere Sexualität. Es war mir wichtig, dass er diesen Libido-Verlust meinerseits als Nebenwirkung meiner Depression oder den Medikamenten einordnen kann, also habe ich mit ihm das Gespräch gesucht. Auch für ihn war es völlig klar, dass diese Veränderung mit den Nebenwirkungen meiner Medikamente zusammenhing. Eine solche Veränderung darf in unserer Ehe Platz haben; wir verlieren dadurch nicht das Gleichgewicht. Aus unterschiedlichen Gründen gibt es im Leben manchmal Zeiten, in denen Sexualität hintenanstehen muss. Immer wieder sprechen wir über unsere gemeinsame Intimität und freuen uns auf die Zeiten, in der diese wieder mehr aufblühen wird. In diesem Thema bedeutet Hilfe annehmen für mich, dass Benjamin und ich uns gemeinsam dazu entscheiden, dass diese Zeit sein darf und dass nicht dies das Erste ist, das dringend wieder verändert werden muss. Also lerne ich, den Frieden damit zu haben, dass meine Libido sich später wieder normal einpendeln wird, aktuell aber in einem Ausnahmezustand steht.

Hilfe für Helfer

Ganz grundsätzlich existiert die Möglichkeit, Hilfe zuzulassen nur dann, wenn ich auch über meine Schwierigkeiten spreche. Mir persönlich liegt es sehr am Herzen, mich anderen Menschen zu öffnen und ihnen Einblick darüber zu schenken, wie es mir wirklich geht. Gerade für meine Nächsten kann es sonst schwierig sein, mich einzuschätzen und das Leben mit mir zu teilen. Allerdings finde ich es nicht leicht, konstruktiv und mit den richtigen Personen über mein Leiden zu sprechen. Wie viel kann ich erzählen, ohne zu überfordern? Welche Worte kann ich dafür überhaupt verwenden? Wird mich mein Gegenüber verstehen? Es ist jedes Mal aufs Neue eine Herausforderung, ein Ausprobieren und Üben. Aber mit der Zeit fällt es dir und mir bestimmt immer leichter, über unsere Gedanken zu sprechen.

Es ist wichtig, dass du dich erwachsenen Menschen gegenüber öffnest. Wenn du Freunde oder Familie an deinen Herausforderungen teilhaben lassen möchtest, könnt ihr gemeinsam eine Sprache dafür entwickeln. Du kannst dich beispielsweise so mitteilen: »Ich habe im Moment große Mühe damit, morgens aufzustehen und den Tag anzupacken.« Detaillierte Beschreibungen über Selbstverletzung oder Todeswünsche können für die Menschen, die dir nahe sind, oft überfordernd sein. Es braucht Weisheit, wie du die Menschen in deinem Umfeld teilhaben lassen kannst. Du kannst im Gebet Gott darum bitten, dass du die richtigen Worte findest und dich dein Gegenüber richtig versteht. Auch Psychologen können dir helfen, wie du deine Krankheit kommunizieren kannst. Sie können dich beraten, wie du mit anderen Menschen über deine Gefühle sprechen kannst. Ich persönlich kann mich besonders gegenüber meiner Therapeutin öffnen. Auch ein gemeinsames Gespräch bei deinem behandelnden Arzt ist immer eine gute Möglichkeit.

Besonders wichtig war mir, dass Benjamin die Frühwarnzeichen für eine depressive Episode kennt. Solche Frühwarnzeichen können sein, dass ich wieder mehr Schlaf benötige, ich gereizt bin oder dass ich meinen kreativen Kleiderstil verliere. Benjamin weiß aber auch, dass er jederzeit zu meiner Krankheitsgeschichte oder meinem aktuellen Ergehen Fragen stellen darf. Eine offene Kommunikation hilft uns, Herausforderungen gemeinsam anzugehen.

Viele Menschen wünschen sich, dich und mich, die an Depressionen erkrankt sind, bestmöglich zu unterstützen. Oftmals wissen sie aber einfach nicht, wie. Freunde und Familie wünschen sich 24/7 für dich da zu sein und zu jeder Zeit für dich einzustehen. Das ist leider weder gesund noch möglich. Sprecht also gemeinsam darüber, was für dein Gegenüber wirklich realistisch ist, zu organisieren und zu tragen. Besonders Todeswünsche und Suizidgedanken überfordern die Menschen, die uns so sehr lieben. Vielleicht könnt ihr gemeinsam dafür eine Skala entwickeln oder ihr vereinbart, dass du nur mit deinem Psychiater darüber sprichst. Diese Grenzen unserer Freunde müssen wir unbedingt respektieren und gemeinsam einen Weg suchen, der für beide tragbar ist.

Meine Familie hat mich in dieser Krankheit besonders in meiner Jugendzeit so unglaublich unterstützt. Das beeindruckt mich sehr und ich bin so dankbar dafür! Sie lasen so ziemlich jede Internetseite über Depressionen und die Medikamente bzw. Behandlungen. Es machte unsere Gespräche sehr viel einfacher, da sie über die Krankheit und deren Symptome bereits informiert waren. Ich fühlte mich von ihnen ernst genommen. In der Klinik haben sie mich wöchentlich beim Besuchsabend besucht, trotz des weiten Wegs von zu Hause bis in die Klinik. Meine Schwester hat sogar eine Box für mich gefüllt mit lauter Zetteln, auf denen sie Gründe, weshalb sie mich liebt, die positiven Dinge des Lebens und ermutigende Bibelverse gesammelt hatte. Ich habe gespürt, dass meine

Familie für mich da war und bereit war, jeden meiner Schritte zur Besserung mit mir zu gehen.

Zu Hause musste ich mich nie verstellen oder anpassen. Sie hatten viel Verständnis für »sinnloses« Verhalten oder »unangebrachte« Reaktionen. Denn sie wussten, meine innere Welt schmerzte. Als Familie konnten wir trotzdem noch lustige Sachen gemeinsam erleben, ohne dass meine Krankheit im Vordergrund stand. Meine Eltern und meine Schwester sahen mich nach wie vor als die Person, die ich eigentlich war, und reduzierten mich nicht auf meine Depression. Alle diese Dinge haben mich sehr unterstützt. Trotzdem konnten sie nur wenig daran ändern, wie dunkel und tief die Abgründe in mir waren.

Kurz nach meinem Klinikaufenthalt, als ich gerade 18 Jahre alt wurde, zog ich von zu Hause aus. Ich fühlte mich schuldig, dass ich meine Familie so sehr mit meinem Leiden belaste. Wenn ich ausziehen würde, glaubte ich, könnte ich die Verantwortung für ihr Wohlbefinden abgeben und mich auf meine persönliche Gesundheit fokussieren. Sogar das haben sie unterstützt und überhaupt ermöglicht. Es kostete bestimmt ihr ganzes Vertrauen, dass ich gerade in Bezug auf diese Krankheit für mich selbst Sorge tragen würde.

Meine Eltern wollten meinen neu gewonnenen Abenteuergeist nicht ausbremsen und versuchten, mich in meinen mutigen Schritten zur Selbstständigkeit zu unterstützen. Manchmal brauchen Menschen mit Depressionen auch praktische Unterstützung, vielleicht um den Müll hinauszutragen oder die Hausarbeit zusammen zu erledigen. Solche scheinbar kleinen und einfachen Aufgaben können in besonders dunklen Momenten unmöglich wirken. Darum hilft die Unterstützung in solchen Situationen ganz entscheidend. Meine Eltern haben mich mit dem Auto abgeholt, wenn ich an einem Fest an meine Grenzen kam und möglichst schnell nach Hause wollte. Weil ich diese Notfallszenarien kannte und wusste, dass ich auf ihre Hilfe zählen konnte, ging ich überhaupt erst auf Feste oder Ausflüge.

Solche Unterstützungen haben es mir ermöglicht, meinen Alltag zu überwinden. Gemeinsam kannst du mit deinen Nächsten kleine Fortschritte feiern. Meine Schwester konnte mich immer wieder dazu begeistern, mit ihr Dinge zu unternehmen und zu erleben. Und ich habe es sehr geschätzt, wenn mich meine Eltern gefragt haben, ob sie mich unterstützen könnten, indem sie mich von einer Party wieder abholten, oder ob ich tatsächlich nicht hingehen wollte. Ermutigung tut jedem Menschen gut. Und es kann helfen, zu kleinen Dingen trotz Antriebslosigkeit ermutigt zu werden – aber es ist immer ein schmaler Grat, die Motivation nicht zum Druck werden zu lassen. Klare Kommunikation ist unfassbar wichtig, denn so können wir gemeinsam unsere Stärken teilen und zusammen unterwegs sein.

Erstaunlich oft fragen mich andere, ob sie selbst vielleicht auch an Depressionen leiden. Genau diese Frage kann und werde ich jedoch niemals für andere Menschen beantworten. Nur Ärzte oder Psychiater können eine solche Diagnose stellen. Wenn du dir also die Frage stellst, ob dein erlebtes Tief noch als normal gilt oder eine mögliche Krankheit sein könnte, dann suche dir professionelle Hilfe. Bestimmt kämpfst du mit Herausforderungen und schweren Gedanken, die dir keine Ruhe lassen, deshalb fragst du dich, ob du an einer Depression leiden könntest. Es gibt sehr viele gut ausgebildete Menschen, die dich in einem solchen Prozess begleiten können. Bei solch professioneller Unterstützung ist es nicht in erster Linie wichtig, ob es sich um eine Krankheit oder eine andere Krise handelt, sondern wie man den Weg zurück zur Leichtigkeit und Freude findet.

Spannend finde ich, dass sich einige Menschen vor einer Diagnose sträuben, während sich andere wiederum eine wünschen.

Oftmals verbirgt sich die Angst vor einer Diagnose darin, dass man sich dann endgültig mit den Konsequenzen auseinandersetzen müsste oder man ab dann offiziell als krank gilt. Wer sich jedoch eine Diagnose erhofft, wünscht sich vermutlich endlich Klarheit darüber, was los ist – und damit auch die Möglichkeit, einen Weg zur Besserung einschlagen zu können.

Ich persönlich bin sehr kritisch gegenüber Selbstdiagnosen. Menschen tendieren dazu, schnell von einer Depression zu sprechen. Doch eine Depression ist ein Krankheitsbild, dass sich bei Weitem von Trauer oder Überforderung unterscheidet. Deshalb kann nur ein Arzt eine Diagnose stellen. Selbstdiagnosen verfärben das Bild dieser Krankheit und verstärken Vorurteile.

Wenn die Diagnose einer Depression von einem Arzt gestellt wird, ist das ein großer und wichtiger Schritt in Richtung Besserung. Das klingt zunächst vielleicht paradox. Aber die Symptome und Beschwerden einer Depression haben sich zu dem Zeitpunkt bereits in das Leben eingeschlichen. Die Diagnose hilft, diese Symptome ernst zu nehmen und einen Weg zur Heilung zu beschreiten. Mit einer Diagnose öffnen sich Möglichkeiten, richtig mit der Krankheit umzugehen und diese zu behandeln.

Nicht allein kämpfen

Zu oft glauben wir die Lüge, dass es ein Zeichen der Schwäche sei, Hilfe anzunehmen. Als ob! Wir alle brauchen hier und da Hilfe. Ich glaube, dass das Leben nicht dazu gedacht ist, Kämpfe allein zu gewinnen. Wenn man in eine Wohnung zieht, braucht man Freunde, die einem helfen, die schweren Kisten zu tragen und das neue Heim schön einzurichten. Ähnlich sehe ich das bei einer psychischen Krankheit. Man braucht Hilfe, um die schweren Lebenskisten gemeinsam zu tragen, damit man in ein gesundes neues Leben einziehen kann.

Unfassbar viele Jahre habe ich mir eingeredet, dass ich meine Tiefpunkte allein überwinden kann oder muss. Lieber habe ich anderen Menschen meine Hilfe angeboten, als diese einzufordern. Dies funktionierte extrem gut als Alibi für mich selbst. Ich habe mir eingeredet, solange ich noch anderen helfen kann, brauche ich selbst keine Hilfe. Irgendwann holte mich die Realität dann doch ein.

Ich persönlich empfehle, sich sehr schnell professionelle Unterstützung zu suchen. Eine Fachperson kann am besten einschätzen, welche nächsten Schritte sinnvoll sein können. Ich sehe auch die Gefahr, dass Freunde und Familie aufgrund von Überforderung verletzende Aussagen machen, obwohl sie helfen möchten. Auch ich habe Menschen mit Depressionen verletzt. Natürlich wollte ich helfen, doch ich wusste einfach nicht, wie. Viele meinen es gut, haben jedoch viel weniger Ahnung von der Angelegenheit, als sie denken. Bei unterstützenden Gesprächen mit Beratern oder Psychologen besteht diese Gefahr weniger.

Die Hauptsache ist, dass du über schwere Gedanken oder überfordernde Gefühle sprichst! Es gibt Notfallnummern, an deren Leitungen du eine Person findest, die für Krisengespräche ausgebildet ist. Diese können auch Ratschläge geben, ob professionelle Hilfe in Anspruch genommen werden sollte oder nicht. Diese Nummern sind schnell per Google für die jeweilige Umgebung zu finden. Ich hatte eine solche Notnummer immer auf meinem Smartphone gespeichert. So hätte ich in Krisensituationen nie nach einer Nummer suchen müssen, auch wenn ich die Nummer schlussendlich nie gewählt habe.

Nur weil man einen Berater oder Psychologen als Unterstützung aufsucht, muss dies nicht bedeuten, dass man an einer psychischen

Krankheit leidet. Professioneller Rat kann besonders in Umbruchphasen eine gesunde und vernünftige Art sein, sich auf neue Herausforderungen einzustellen. Eine neutrale Person kann häufig besser eine klare Sicht von außen bieten und Lösungsmöglichkeiten aufzeigen als Menschen, die dich lieben und dir nahestehen. Viel zu oft spielen dann die eigenen Gefühle der beratenden Person in die Ratschläge hinein. Dass du dich bei deinem Psychologen oder deiner Psychologin wohlfühlst, ist dabei das wichtigste Kriterium.

Antidepressiva werden grundsätzlich nur in Kombination mit psychologischer Betreuung verschrieben. Ein Psychiater kann beides verbinden und zudem ist es praktisch, dass man nur eine Person in den Prozess einbeziehen muss. Genauso ist es jedoch möglich, von einem Psychologen betreut zu werden und die Behandlung durch Medikamente zusätzlich von einem Arzt abzudecken. Ich habe die zweite Variante gewählt, da ich mich bei diesem Psychologen so wohlfühlte und nicht zu einem Psychiater wechseln wollte, mit dem ich vielleicht weniger gut ausgekommen wäre.

Einmal in der Woche besuchte ich also diesen Psychologen; bei ihm fühlte ich mich verstanden. Zugleich nahm ich sporadisch Termine bei einer Psychiaterin wahr, um meine Medikamente richtig einzustellen und zu überprüfen. Für mich hatte diese Psychiaterin jedoch ausschließlich der Funktion einer Ärztin, die sich sehr gut mit Medikamenten für psychische Krankheiten auskennt.

Ich kenne viele Menschen, die zwar einen Psychologen besuchen, sich dort jedoch nicht wohlfühlen. Sie trauen sich nicht, tiefen Schmerz und Herausforderungen anzusprechen. Das ist wahnsinnig schade und schießt am Ziel vorbei. Wenn man sich nicht öffnen kann, ist es schwierig, sich ganz auf einen Prozess zur Besserung zu begeben. Es lohnt sich, so lange nach einem passenden Therapeuten zu suchen, bis du dich ganz öffnen kannst und dich dabei wohlfühlst. Das erfordert viel Geduld und Durchhaltevermögen, mitunter weit mehr als drei bis vier Erstgespräche. Diese Suche ist meist anstrengend, dessen musst du dir bewusst sein. Aber sie ist genauso lohnend!

Ich träume von Kirche

»Mami, eines Tages werde ich mit meinem Mann gemeinsam in der Kirche als Pastorenteam arbeiten.« Voller Stolz erzählte ich mit zwölf Jahren meiner Mutter von meinem großen Traum. Noch bevor ich meine Lehre bei der UBS Schweiz antrat, träumte ich davon, eines Tages als Pastorin arbeiten zu dürfen. Ich sprach davon, dass mein damaliger Freund und ich uns gemeinsam in die Kirche investieren werden. Also habe ich schon in meinen Jugendjahren überall in der Kirche mitgeholfen. Mal durfte ich als Moderatorin durch einen Gottesdienst leiten oder ich habe geholfen, eine Veranstaltung vorzubereiten und aufzubauen. Wo immer es Unterstützung brauchte, ich war dabei.

Seit dem ersten Mal, als ich meiner Mutter von meinem Pastorenehepaar Wunsch erzählte, hat sich viel geändert. Nur der Wunsch, mich mit meinem Ehepartner in die Kirche hineinzugeben, brannte konstant in meinem Herzen. Meine damalige Beziehung ging auseinander und viele Jahre später durfte ich einen aufrichtigen, lustigen und unfassbar attraktiven Mann kennenlernen und sogar heiraten. Ob mein Jugendtraum jemals zustande kommen würde, konnten wir nicht wissen. Doch wir beide sahen das Potenzial der Gemeinschaft einer Kirche. Und die Faszination, Jesus ein Leben lang entdecken zu wollen, brannte spürbar auch in Benjamins Herzen.

– Doch auch wenn ich nach wie vor für Jesus brenne und ihm mein Leben widmen will: so ungetrübt wie damals als Zwölfjährige ist mein Verhältnis zur Kirche längst nicht mehr. Leiter und Leiterinnen haben mich stark verletzt. Besonders im christlichen Umfeld habe ich erlebt, dass das Ausmaß vom Leid einer psychischen Krankheit kaum ausgehalten werden kann. Gott ist doch gut! Irgendwie schien meine Beziehung zu Jesus durch meine Erkrankung infrage gestellt zu werden. Wenn Jesus wirklich in meinem Herzen lebte, wie konnte dann eine Depression noch Platz haben? Wenn ich Einblick gab in meine Traurigkeit, wurde auf ermutigende Bibelverse oder christliche Motivationssprüche zurückgegriffen. Das habe ich nie verstanden. Wie kann gerade in Kirchen die Nähe zu ernsthaftem Schmerz fehlen? Jesus ist doch der geschlagene Gott am Kreuz.

Eine andere schräge Umgangsform in Kirchen, die mich noch stärker verletzte, war das Verschweigen meiner Diagnose und Schwierigkeiten. Einige fürchteten sich wohl davor, etwas Falsches oder Verletzendes zu sagen, also schwiegen sie. Wie eine Mauer stand dieses Schweigen zwischen uns. »Wie hast du den Klinikaufenthalt erlebt?« oder »Wie könnte ich dich unterstützen?« oder einfach nur »Es tut mir aufrichtig leid, dass du aktuell so Schwierigkeiten erleiden musst« – irgendeine Bemerkung dieser Art hätte ich mir sehr gewünscht; so schwierig konnte das doch nicht sein. Doch stattdessen fühlte es sich an, als ob ich eine Aussätzige im Alten Testament wäre. Vielleicht sollte ich stets rufen: »Ich bin depressiv! Ich bin depressiv! Ich bin depressiv!«, damit ja jeder gewarnt wird, meinem Leiden nicht zu nahe zu treten.

Durch das Totschweigen meiner Herausforderungen schlich sich Scham ein. Ich durfte scheinbar nicht so fühlen und denken, wie ich das tat. Immer wieder war es schwierig für mich, Kirche weiterhin leidenschaftlich zu besuchen. Viele Dinge schienen mich davon abzuhalten, Teil einer christlichen Gemeinschaft zu sein. Doch trotz alledem habe ich mich bewusst immer wieder für die Kirche entschieden.

Als ich 2015 in die Klinik ging, durfte ich nur einige definierte Stunden über das Wochenende nach Hause. Den üblichen Gottesdienst am Freitagabend konnte ich also nicht mehr besuchen. Für mich kam es nicht infrage, drei Monate lang keinen Gottesdienst zu besuchen, denn die gewohnte Routine war es, die mir Halt gab. Also besuchte ich den Gottesdienst einer anderen Kirche, der zu einer anderen Zeit stattfand. Als ich dann nach der Klinik wieder den Freitagabend-Gottesdienst meiner eigenen Gemeinde besuchte, fühlte ich mich gehemmt. Hier konnte ich mein Herz für Gott und die Menschen nicht mehr einfach öffnen – auch wenn ich wusste, wie stärkend und liebevoll Kirche eigentlich sein kann. Diese Kraft wollte ich wiederentdecken!

Mich jetzt mit Stärken und Schwächen von unterschiedlichen Gemeinden der Schweiz auseinanderzusetzen, hätte zu viel Energie gebraucht. Also besuchte ich einfach weiterhin den Gottesdienst in der ICF Church, den ich während meines Klinikaufenthalts besucht hatte. Vermutlich war diese Entscheidung göttlich geführt, denn ich durfte ein Zuhause finden.

Einige Jahre später, als ich bereits Co-Pastorin vom *Oneighty* in der ICF Church war, schlichen sich Panikattacken in meine Kirchenbesuche ein. Die vielen Eindrücke der Lichter, der Musik und der Menschen überforderten mich. Zusätzlich war ich immer wieder mit tief greifender Wahrheit konfrontiert. Einmal mehr stellte sich mir die Frage, ob ich eine Weile den Gottesdienst nicht mehr besuchen sollte. Doch nach wie vor kam das als eine Lösung für mich nicht infrage. Stattdessen suchte ich Wege, wie ich den Gottesdienst weiterhin besuchen und ihn gleichzeitig als Ressource für mich erleben konnte. Ich saß also stets nahe beim Backstageausgang, sodass ich jederzeit hinter die Bühne gehen konnte. Dort konnte ich Ruhe finden und etwas trinken. Das habe ich während vieler Gottesdienste in Anspruch genommen, bis ich wieder belastbarer war und unsere Celebrations mit Leichtigkeit und Freude besuchen konnte.

Depressiv und Pastorin – geht das?

Als ich zum zweiten Mal die Diagnose einer Depression erhielt, diesmal als angestellte Pastorin, haben sich in mir viele Fragen aufgetan. Gab es andere Pastoren oder Pastorinnen, die an einer so ernst zu nehmenden psychischen Krankheit litten? Ich wünschte mir so sehr, dass es möglich sein könnte, trotz dieser Erkrankung meiner Berufung zu folgen. Die Kirche liebe ich schon so lange und wünsche mir so sehr, mitwirken zu können. Ständig frage ich mich, ob meine Krankheit diesen Traum zerplatzen lassen könnte.

Mein Psychiater meinte damals zu mir: »Du musst dir ernsthaft überlegen, ob du trotz der Depression deine Arbeitsstelle als Pastorin meistern kannst. Besonders schwierig sehe ich die undefinierten Arbeitsstunden, die psychische Belastung durch herausfordernde Geschichten der Menschen und auch die vielen Überstunden.« Ich wusste, dass er recht hatte. Also habe ich mich ganz bewusst mit diesen Schwierigkeiten auseinandergesetzt und mir überlegt, ob und wie ich meinen Traum weiterhin verfolgen konnte.

In meiner Teilzeitanstellung zusammen mit sehr disziplinierten Entscheidungen bezüglich meiner Abgrenzung funktioniert diese Arbeit für mich wunderbar. So kann ich in den drei Tagen meiner Anstellung meine Gaben und Talente einsetzen und darin aufblühen, habe jedoch auch genügend Zeit, mich zu erholen und neue Kraft zu tanken. Während meiner Anstellung erlebe ich, dass man mich auch mit meiner Krankheit annimmt und ernst nimmt. Ich habe Platz in der Kirche. Es scheint mir, als ob ich sein darf – so, wie ich bin. Es wird kein linearer Besserungsprozess von mir erwartet und den Grund meines Leidens versucht mir keiner zu erklären. Stattdessen interessieren sich Freunde in der Kirche ernsthaft dafür, wie es mir geht. Viele wünschen sich, Wege zu finden, um mich zu unterstützen. So viel ich kann und möchte, darf ich in der Kirche mitwirken, und nicht erst, wenn ich das Leben wieder vollkommen im Griff habe. Aufgrund meines Leidens habe ich mich in meiner jetzigen Gemeinde nie ausgegrenzt gefühlt. Ich spüre, dass meine Schwäche die Menschen hier nicht an Gottes Stärke zweifeln lässt.

Vor allem begeistert es mich, dass ich in der ICF Church nicht einfach in eine Schublade gesteckt wurde und einfach dort blieb. Immer wieder wurde ich neu an dem Punkt ernst genommen, an dem ich gerade stand. Ich blieb nicht für immer das »Problem-Teeniemädchen«. Ich durfte mich entwickeln und diese Entwicklung wurde wahrgenommen. Man erinnert mich nicht ständig daran, als mich die Leiter damals erwischten, wie ich während einer Freizeit aus dem Jungspavillon kletterte. Die Regel, mich nicht im Zimmer der Jungs aufzuhalten, war mir gleichgültig. Wir versammelten uns dort, um in einer kleinen Runde ein paar Biere zu trinken. Auch das entsprach natürlich nicht den Lagerregeln. Ein Bungalow unserer Leiter war genau gegenüber und auf einmal hatten sich alle Leiter für Kartenspiele vor diesem an den kleinen Tischen versammelt. Natürlich hatte ich schnell einen Plan. Ich würde einfach auf der Rückseite des Bungalows mit meiner Freundin aus dem Fenster klettern und niemand würde uns bemerken. Keiner meiner Freunde schien einen besseren Einfall zu haben und so überlegte ich, welches der Fenster sich auf der gegenüberliegenden Seite des Bungalows der Leiter befand. Das kleine Toilettenfenster war die Lösung. Diese winzige Öffnung ließ meine Hüften nur sehr knapp durch, so hing ich halb aus dem Fenster. Als ich aufblickte, bemerkte ich, dass mich alle Leiter fassungslos anstarrten. Ich hatte mich wohl etwas verrechnet und das falsche Fenster ausgewählt. Eins war mir klar: Mit den Konsequenzen wollte ich mich nicht direkt auseinandersetzen. Also kämpfte ich mich durch das kleine Fenster und rannte davon... Einem ernsten Gespräch musste ich mich danach natürlich trotzdem stellen. Später wurde mir das jedoch nie wieder ernsthaft vorgeworfen. Einige Freunde, die heute mit mir zusammenarbeiten, machen gerne Späße darüber oder suchen peinliche Fotos von genau dieser Freizeit von mir. Ich weiß, dass sie meine Entwicklung feiern und mich trotz diesen Geschichten und meiner unkonventionellen Art als Erwachsene ernst nehmen.

Auch später als Angestellte hat mir niemand vorgehalten, wie oft ich in einer Woche im Office oder in der *Celebration* weinte. Keiner bohrte nach, ob ich die Termine bei meiner Psychologin demnächst wieder absagen konnte. Meine Arbeitskollegen und -kolleginnen haben mich nie als eigenständige Person angezweifelt. Trotzdem kam in mir immer wieder die Frage hoch: »Bin ich zu kaputt, zu schwach oder zu wenig belastbar, als das Gott mit mir ans Ziel kommt?« Heute kann ich mir das einfach nicht mehr vorstellen. So, wie ich Gott sehe, kann seinem Gelingen und seiner Stärke nichts im Weg stehen. In meiner Lebensgeschichte bin nicht ich die Heldin, sondern Gott ist der Held. Ich glaube, dass ihn keine Diagnose aus dem Konzept bringen kann. Wenn ich meine Heldinnengeschichte selbst schreiben und Kirche verändern möchte, werde ich auf dem Weg zerbrechen, vermutlich sogar ziemlich schnell. Wenn ich aber realisiere, dass Gott die Geschichte schreibt und ich ein Teil davon sein darf, dann kann ich lernen, meine Ressourcen richtig einzuteilen und meine menschlichen Grenzen ernst zu nehmen.

Manchmal verliere ich mich in Minderwertigkeitskomplexen und denke, dass Gott mit mir bestimmt nichts bewirken kann, solange ich krank bin. In Wahrheit jedoch glaube ich, darf ich mich in Kirche investieren mit den Talenten, die Gott mir anvertraut hat. Denn am Ende ist immer er es, der die Dinge zum Fliegen bringt – und genau das fordert mein Vertrauen in seine Stärke.

Als ich mein Studium absolvierte, entschied ich mich, meine 60 %-Anstellung nicht zu erhöhen, sondern weniger zu arbeiten, als es die Schweizer Mentalität einem vorschreibt. Finanziell verzichteten wir also auf einen großen Anteil unseres Gehalts und ich musste mir ständig bewusst machen, dass mich mein Anstellungsumfang nicht definiert. Schnell habe ich gemerkt, dass ich so absolut leidenschaftlich arbeiten kann. Ich fühle mich nicht ständig unter Wasser. Meine Arbeit fühlt sich an, wie frisch verliebt zu sein. Es ist gut möglich, dass ich in Zukunft wieder mehr arbeiten werde, aber ich möchte stets bedacht sein, dass ich dabei aufblühe und nicht ertrinke. So habe ich mich trotz aller Herausforderungen erneut ganz für die Kirche entschieden, weil scheinbar nichts Gottes Pläne aufhalten kann.

Einige Monate später stellte sich unserer Gemeinde die Herausforderung, dass das Ehepaar, das bis dahin seit Jahren unseren Jugendgottesdienst geleitet hatte, ein Jahr auf Reisen gehen würde. Die Frage kam auf, wer unseren *Oneighty* als leitender Pastor oder leitende Pastorin übernehmen könne. Ich war mir nicht sicher, ob ich mir das zutraute. Erneut war ich meinen Selbstzweifeln ausgeliefert. Bestimmt dachten alle, ich sei zu krank für eine solche Verantwortung. Am Ende würde meine Diagnose doch meiner Berufung im Weg stehen. Was genau war Berufung überhaupt und gab es nur eine? Wieso hielt ich überhaupt so sehr an meinem Traum für Kirche fest, wenn alles doch dagegen zu sprechen schien? Obendrein zweifelte ich daran, dass ich mit Arbeitskollegen und -kolleginnen so ehrlich und offen über meine Herausforderungen hätte sprechen sollen. Hätte ich nach außen stärker gewirkt und meine Schwierigkeiten versteckt, würde man mir diese neue Stelle vielleicht sogar zutrauen. Ich hätte mir niemals vorstellen können, dass ich trotz meiner Offenheit bezüglich meiner Schwächen und Begrenztheit – oder sogar gerade wegen ihr! – als starke Leiterin ernst genommen werde.

Es folgten viele Gespräche, wie ich meine Begabungen und Talente als leitende Pastorin des *Oneighty* in Zürich einbringen könnte. Ich fühlte mich ernst genommen, wertgeschätzt und konnte kaum fassen, dass ich diesen Schritt vielleicht wirklich wagen durfte. Ehrlich gesagt hatte ich mich innerlich auf Ablehnung vorbereitet. Es war einfach unfassbar, dass Benjamin und ich gemeinsam den *Oneighty* übernehmen durften. Immer wieder überrollten mich meine Emotionen. Mein Herz war schwer darüber, die Familie, die zuvor diesen Gottesdienst leitete, zu verabschieden. Keinesfalls wollte ich die wunderschöne und so gesunde Jugendarbeit an die Wand fahren, die sie über viele Jahre geliebt und gepflegt hatten. Zugleich klopfte mein Herz voller Vorfreude auf und Euphorie über die Zeit, die nun bald kommen würde. Ein weiteres Wunder auf meinem Lebensweg. Ein weiterer Traum, den ich erleben darf.

Mein ständiges Gebet und gleichzeitig meine immer wiederkehrende Erfahrung ist es, dass Gott mich an die richtigen Orte stellt und mich ausrichtet. Genau so fühlt es sich an: Gott positioniert mich – und das entgegen meiner eigenen beschränkten Wahrnehmung. Das lässt mich voller Begeisterung von einer Zukunft träumen, in der aufgrund Gottes wirkender Kraft wirklich alles möglich ist.

Spiritualität entdecken

Meine Beziehung zu Gott liegt mir sehr am Herzen und ich möchte immer weiter in sie investieren. Jesus soll in meinem Leben die wichtigste Priorität sein. Durch die Depression fällt es mir jedoch häufig schwer, die Nähe zu Gott auch wirklich zu spüren. Meine Konzentrationsschwierigkeiten lassen mich manchmal kaum mehr als einen Vers in der Bibel lesen. Auch in meinen innerlichen Gebeten schlendern meine Gedanken schnell weiter.

Es hilft mir, die Bibel in kleinen Stücken zu lesen. Manchmal denke ich einen Tag oder gar eine ganze Woche lang über denselben Vers nach und lese diesen immer wieder. Immer wieder wähle ich auch Bibelverse als Bildschirmhintergrund für mein Smartphone, damit ich den Vers immer wieder lesen und beten kann. Ich versuche, mir selbst keinen religiösen Druck aufzuerlegen; es gilt nicht: »Je mehr, desto besser!« Stattdessen bin ich tief davon überzeugt, dass sich Gott an unserer aufrichtigen Herzenshaltung und Liebe für ihn freut.

Außerdem hilft es mir auch, Gebete laut auszusprechen; dann fällt es mir leichter, fokussiert zu beten. Doch nach wie vor fühlt es sich für mich immer etwas komisch an, wenn dabei niemand zuhört. Vor Menschen laut zu beten, ist mir keineswegs unangenehm. Aber allein zu Hause meine Gebete laut auszusprechen, finde ich nach wie vor komisch. Ich glaube jedoch, dass man das üben und eintrainieren kann; daran arbeite ich gerade auch. Oftmals traue ich mich nicht, Gott im Gebet um meine eigene Heilung zu bitten. Trotzdem lerne ich, diszipliniert im Gebet zu bleiben und mutig im Glauben. Ein ständiges Gebet, welches ich bete, lautet: »Bitte, Gott, erlöse mich.« Dabei weiß ich selbst nicht immer, was ich mit dem Wort der Erlösung meine. Aber ich vertraue darauf, dass Gott sehr genau darüber im Bilde ist, wie seine Erlösung für mich aussieht.

Durch mein persönliches Leiden, meine gefühlte Einsamkeit und Schwäche durfte ich Gott in den vergangenen Jahren auch aus diesem scheinbar traurigen Blickwinkel kennenlernen. Unsere Theologie hat auch immer stark mit unserer Biografie zu tun, so können unsere unterschiedlichen Perspektiven sich ergänzen und ein größeres Verständnis von Gott schenken. Dies merke ich besonders an der Kreuzesgeschichte Jesu. Ostern ist ein so wichtiges Fest für uns, wir feiern die Auferstehung von Jesus und somit einen neuen Bund. Ich persönlich bleibe oft lange bei den Leidensstunden Jesu Christi stehen. Wie viele Stunden hat Jesus wohl an diesem Kreuz gehangen und sich gewünscht, dass der Tod ihn endlich von diesen Qualen erlöst?

Dieses Gottesbild von einem halb toten und schwachen Gott berührt mich stark und fordert mich zugleich täglich heraus. Dieser heilige Jahwe Gott bleibt dem blutigen Elend nicht fern, auch heute nicht. Das ist meine Hoffnung. So viel Leid, das ich auf dieser Welt sehe, kann ich nicht aushalten und verschließe davor die Augen. Wir alle tun das. Ich glaube, dass nur Gott dem wirklich Hässlichen nahe sein kann, genauso wie nur Gott das wirklich Heilige ist. Mein Gott schließt die Augen nicht vor meiner Depression. Er hat nicht weggeschaut, als meine Handgelenke bluteten, vielmehr hielt er mich genau da fest in seinen Armen. Gott ist nahe. In guten genauso wie in schlechten Zeiten.

An Jesu Leben, wie es in der Bibel geschildert ist, erkenne ich immer wieder, dass er mitfühlt. Das sehe ich persönlich besonders in der Geschichte, in der er mit seinen Jüngern zum Beten in den Garten Gethsemane geht, in Matthäus 26,36-46. Jesus hat tiefe Angst vor dem Leid, das ihm bevorsteht. Niemand kann wirklich verstehen, wovon er spricht und was passieren wird. Anstatt Jesus im Gebet beizustehen, schlafen Petrus, Jakobus und Johannes ein. Während ihr Messias Todesangst aussteht, schlafen seine Jünger friedlich! In dieser Nacht fürchtete sich Jesus, fühlte sich unverstanden und einsam. Am stärksten inspiriert mich in dieser Szene jedoch das Gebet in Vers 39: »Mein Vater! Wenn es möglich ist, lass den Kelch des Leides an mir vorübergehen. Doch ich will deinen Willen tun, nicht meinen.« Das ist mein Gebet: »Herr, lass du den Kelch an mir vorübergehen, aber dein Wille soll geschehen in meinem Leben. Amen.«

Wie gerne würde ich meine Erkenntnisse und Fragen über diesen heiligen Gott mit einem Hauskreis – oder, wie man bei uns sagt, in einer *Smallgroup* teilen. Oft habe ich solche Gruppen aber als uninspiriert und unpersönlich empfunden. Gefühlt dümpeln wir in der Komfortzone rum, statt wirkliche Schritte mit Jesus zu gehen. Zusätzlich fühle ich mich viel zu schnell verantwortlich in einer Gruppe und möchte, dass sich wirklich alle wohlfühlen können. Also habe ich mich – freiheitsliebend, wie ich bin – von diesem Konzept verabschiedet. Die Idee ist auf jeden Fall gut, doch so, wie ich es erfahren habe, sind solche kleinen Gemeindegrüppchen oft öde und unbewegt. Ein letztes Mal habe ich Gott meinen Wunsch nach einer inhaltsvollen *Smallgroup* mitgeteilt und entschieden, dass ich selbst keinen aktiven Schritt in diesem Bereich machen werde.

Wenig später läuft mir eine Mitarbeiterin im ICF Office entgegen, die ich noch nicht so gut kenne. Sie fragt mich, wie es mir geht. Und sofort habe ich den Gedanken, ihr meinen *Smallgroup*-Frust zu erzählen. Wie seltsam wäre das denn? Trotzdem geht der Eindruck nicht weg und ich frage sie, ob sie kurz Zeit hat, sich mit mir zu setzen. Ich habe gelernt, möglichst oft auf Impulse zu hören, die göttlich sein könnten. Etwas verdutzt willigt sie ein. »Es ist so …«, beginne ich: »Ich hätte so gerne eine *Smallgroup*, aber es scheint einfach keine zu geben, die ich selbst für mich als Bereicherung erfahren könnte.« Meine Arbeitskollegin schaut mich überrascht an. »Ich habe von dir und *Smallgroups* geträumt. Ich weiß noch nicht genau, was das heißt. Ich werde es prüfen und mich bei dir melden.«

Seit Langem habe ich mal wieder das Gefühl, dass Gott mein Klagen vielleicht doch hört und ernst nimmt. Am nächsten Morgen mache ich mir einen Kaffee, wähle den Flugmodus aus meinem Smartphone ab und lese überrascht eine Nachricht, die mich erreicht hat. »Hallo Janice, ich möchte dich ganz herzlich in meine Smallgroup einladen. Herzliche Grüße, Susanna.« Kann das wirklich sein? Ich weiß, welche inspirierenden Frauen bei Susanna in der *Smallgroup* sind, und auch, wie sehr diese täglich mit Gott ihre Welt auf den Kopf stellen. Unbedingt will ich Teil dieser Gruppe sein! Meint sie wirklich mich?! Wie kann ich als Küken mit diesen krassen Frauen schon mithalten?

Gott hört

Die Arbeitskollegin war bei Susanna in der *Smallgroup* und hatte wohl mit ihr über ihren Traum gesprochen. Das erste Treffen, bei dem ich dabei sein durfte, nahte. Meine Vorfreude war groß und weil ich nicht wusste, wohin mit all der Aufregung (und natürlich auch, weil ich einen guten Eindruck machen wollte), backte ich einen Kuchen. Für den wurde sich freundlich bedankt und höflich wurde er gegessen. Nun, da ich schon länger dabei sein darf, weiß ich: Eigentlich sind die Frauen nicht so begeistert von Süßem.

Der Abend verlief so, dass wir zuerst eine halbe Stunde plauderten und dann pünktlich in ein vorbereitetes Thema eintauchten. Wir ermutigten uns gegenseitig, beteten und hörten auf Gottes Reden. Genau das hatte ich mir so sehr gewünscht. Es war wunderbar.

Mittlerweile ist diese *Smallgroup* eine wichtige Ressource für mich und fester Bestandteil meines Wochenplans. Ständig stehen wir im Gebet füreinander ein und ermutigen uns zu neuen Lebensschritten. Diese Frauen können Fragen über Gott aushalten und Schmerz gemeinsam ertragen. Vor wenigen Wochen hat eine Freundin aus unserer kleinen Gruppe für mich Psalm 121 gebetet. Das habe ich so kraftvoll empfunden, dass ich dich auch dazu einladen möchte. Lies den Text laut und füge überall dort, wo das »du« steht, danach deinen eigenen Namen ein.

[…] Ich schaue hinauf zu den Bergen – woher wird meine Hilfe kommen? Meine Hilfe kommt vom Herrn, der Himmel und Erde gemacht hat. Er wird nicht zulassen, dass du stolperst und fällst; der dich behütet, schläft nicht. Siehe, der Israel behütet, wird nicht müde und schläft nicht. Der Herr selbst behütet dich! Der Herr ist dein schützender Schatten über deiner rechten Hand. Die Sonne wird dir am Tag nichts anhaben noch der Mond bei Nacht. Der Herr behütet dich vor allem Unheil und bewahrt dein Leben. Der Herr behütet dich, wenn du kommst und wenn du wieder gehst, von nun an bis in Ewigkeit.

Suche dir Formen der Spiritualität, die dich ansprechen und in die Ruhe vor Gott bringen. Vielleicht funktionieren lange Gebetszeiten für dich nicht oder du verstehst gerade nicht mehr, wie du einen Vers aus der Bibel deuten sollst. Gib nicht hier schon auf, sondern suche ganz bewusst eine Form, wie du Gott begegnen kannst. Kombiniere deine Spiritualität zum Beispiel mutig mit Achtsamkeitsübungen oder Meditationen. Nimm dir Hilfen zur Hand, wie christliche Meditationsführungen durch Apps oder Achtsamkeitsübungen der Psychologie. Gott ist groß; nutze alle Möglichkeiten, die er dir schenkt, um ihm nahe zu sein.

Einen weiteren Zugang können inspirierende Orte sein oder deine Kreativität. Ich liebe den mystischen Aspekt Gottes, den die katholische Kirche so wunderschön erlebbar macht. Daher bestaune ich auch jedes ihrer prächtigen Bauwerke, an dem ich vorbeigehe. Zu Hause habe ich außerdem einen Rosenkranz und liebe es, damit zu beten. Mit geschlossenen Augen fahren meine Finger vom Kreuz aus der Kette entlang. Ich spüre die erste große Kugel und bete: »Jesus Christus, du Sohn Gottes, erbarme dich über mich.« Dann spüren meine Finger weiter die Kette ab bis zur zweiten Kugel. Hier wiederhole ich dieses Gebet. So lasse ich den gesamten Rosenkranz durch meine Hand gleiten. Das hilft mir, mich zu konzentrieren, und ich führe mir vor Augen, wie sehr ich abhängig von Jesus Christus bin. Zusätzlich schenkt mir diese Art Gebet mit der kontinuierlichen Wiederholung Hoffnung, da ich tief davon überzeugt bin, dass Jesus Christus sich tagtäglich und in jedem Moment meiner erbarmt.

Auch die Ruhe der Natur liebe ich; so gehe ich oft an einem Bach hinter unserer Wohnung spazieren. Auf diesem Weg habe ich einige Plätze, an denen ich gerne stehen bleibe oder mich für eine Weile hinsetze. Zudem habe ich mir einige Orte ausgesucht, an denen ich immer für dieselbe Sache bete. Wenn ich die kleine Entenfamilie sehe, bitte ich Gott dafür, dass er mich versorgt und mir die nötige Kraft gibt, die ich dringend für mein Leben brauche. Sobald ich den Biber entdecke, jubelt mein Herz, und ich lobe Gott und danke Gott. Die Tierwelt war für mich schon immer ein spezieller Zugang zur Göttlichkeit. Sobald ich an einem spezifischen Wohnblock vorbeigehe, bete ich für meine Familie. Dieser Weg hilft mir, ganz einfach für Dinge zu beten, die ich in meiner Überforderung oder meinem Schmerz gerade nicht wahrnehme.

Wenn ich mich besonders hoffnungslos fühle, möchte ich das Abendmahl einnehmen. Daran denke ich jedoch nicht so oft. Ich glaube, das liegt daran, dass ich die wirkliche Tiefe dieses heiligen Aktes nach wie vor noch nicht fassen kann. Wenn ich das Abendmahl feiere, dann besinne ich mich darauf, dass Jesus seinen Körper brechen ließ für meine Gebrochenheit. Das Abendmahl steht für die Vergebung und Gnade Gottes. Ich lasse also die Gnade Gottes bewusst erneut in mein Leben hinein, denn Jesus hat sein Blut für meine Gerechtigkeit vergossen. Zum Abschluss denke ich daran, dass Jesus beim letzten Passahmahl sagte: »Von jetzt an werde ich keinen Wein mehr trinken, bis ich ihn wieder im Reich meines Vaters mit euch trinken werde.« Ich freue mich darauf, diese nahe Gemeinschaft Gottes im Himmel bei einem Glas Wein genießen zu dürfen.

Ist da aber nicht noch mehr Heiligkeit im Passahmahl zu erkennen? Das Gemälde des letzten Abendmahls habe ich auf meinen Oberarm tätowieren lassen. Die nahe und auch durchaus chaotische Gemeinschaft der Jünger zu Jesus fasziniert mich. Jesus teilt sein Herz, er erzählt, um was es wirklich geht. Doch irgendwie scheint ihn niemand zu verstehen und die Jünger beginnen irgendwelche Diskussionen. Diskussionen, die über Generationen weitergingen, ganze Kirchen spalteten und viele Fragen aufwarfen.

Viele sind sich einig: Das Abendmahl trägt tiefe Heiligkeit in sich. Oft möchte ich das Abendmahl einnehmen, doch dann kommt wieder die Frage in mir auf, was die wirkliche Bedeutung dessen überhaupt ist. Ich versuche, diesen kraftvollen Akt so zu feiern, dass ich die Dinge ins Gebet nehme, die ich heute schon verstehe, und die vielen Fragen auf die Seite stelle. Vielleicht kann ich eines Tages einige Fragen für mich persönlich beantworten und finde einen einfacheren Zugang zu diesem heiligen Akt.

Was bleibt, ist Friede

An Jesus faszinieren mich so viele Dinge. Zum Beispiel der Aspekt, dass er nach seiner Auferstehung noch immer seine körperlichen Wunden trug. Zuerst habe ich nicht verstanden, warum. Aber wenn ich lese, was danach geschah, fügt es sich: Thomas, ein Jünger von Jesus, zweifelt stark an den Geschichten seiner Freunde, die gesehen haben, dass Jesus, der Gekreuzigte, lebt. Thomas würde es erst glauben, wenn er selbst seinen Finger in die Wunden von Jesus legen könnte. Und tatsächlich: Jesus begegnet Thomas und lädt ihn dazu ein, seine Wunden anzufassen. Was für ein heiliger und gleichzeitig irritierender Moment! Jesus zeigt sich Thomas als der Verwundete, nicht als der starke Auferstandene. Thomas erkennt ihn an seinen Wunden, nicht an seinen Wund*ern*. Eine Geschichte, in der ich mich selbst und viele Parallelen zu meinem Leben und Glauben wiederfinde: Ich erkenne Gott in meinem Zerbruch, nicht in meinen Höhenflügen. In meinem Schmerz und meinem verwundeten Inneren trage ich Frieden im Herzen. Hier begegne ich Jesus Christus.

Nicht nur die Begegnung von Thomas und Jesus inspiriert mich; auch die, in der Jesus den Zolleinnehmer Matthäus dazu auffordert, mit ihm zu gehen. Zu dieser Begegnung sagt Jesus am Abend in Matthäus 9,12: »Die Gesunden brauchen keinen Arzt – wohl aber die Kranken.« Was für ein Glück für mich! Ich bin krank, also ist

Jesus für mich gekommen. Mein Inneres ist von dieser Depression vergiftet, ich brauche einen Arzt.

Die Bibel ist voll von Menschen, die in ihren größten Herausforderungen Jesus persönlich begegnen durften, ähnlich wie Thomas und Matthäus. Nun ist aber Jesus nicht mehr und noch nicht wieder auf dieser Welt, um uns persönlich zu begegnen. Wie sollen wir, die wir in diesem riesigen zeitlichen Spannungsfeld leben, damit umgehen? Eines weiß ich: Jesus meinte und meint es gut mit uns. Nur weil er gegangen ist, konnte ein Ratgeber kommen, der immer mit jedem einzelnen Menschen zur gleichen Zeit sein kann: der Heilige Geist.

Eine wichtige Erkenntnis für mich war, dass ich nicht an allem gleichzeitig arbeiten kann. Schritt für Schritt darf ich meine Schwierigkeiten angehen. Dabei schätze ich die Hilfe des Heiligen Geistes sehr. Er ist mir wirklich ein Ratgeber: Immer wieder habe ich durch ihn so wichtige Gedanken, wie zum Beispiel: »Ich müsste mir endlich mal die Geschichte mit dieser einen Freundin anschauen, die einfach nichts mehr mit mir zu tun haben will, ohne dass ich je wissen durfte, weshalb.« Und dann reflektiere ich, was passiert ist, und versuche es für mich aufzuarbeiten. Oder ich denke, eigentlich wäre es doch ganz schlau, ein externes Pastorencoaching in Anspruch zu nehmen – nun, da ich den *Oneighty* gemeinsam mit Benjamin übernehmen darf. Impulse dieser Art haben schon so vieles in meinem Leben bewirkt. Es sind Anstöße, die mir helfen, mein Leben gut und sinnvoll zu gestalten und Stabilität zu erlangen, und ich glaube gerade deshalb, dass diese Gedanken ganz sicher göttliche Inspiration sind.

Das größte Wunder, das ich in meinem Leben wahrnehme, ist die belebende Kraft Gottes in meinem Alltag. Ich darf so viele Dinge umsetzen und erreichen, die mir aufgrund meiner unglaublichen Erschöpfung und Depression eigentlich gar nicht möglich wären. Ja, manchmal verliere ich den Mut, daran zu glauben, dass ich einmal frei von Depressionen sein darf, aber es gibt immer wieder Momente, da siegt die Hoffnung. Und egal, wie es mir gerade geht, egal, ob ich persönlich jemals geheilt werde: mein Glaube, dass Gott Wunder wirkt, ist unumstößlich.

Jesus hat in Johannes 14,27 versprochen: »Ich lasse euch ein Geschenk zurück – meinen Frieden. Und der Friede, den ich schenke, ist nicht wie der Friede, den die Welt gibt. Deshalb sorgt euch nicht und habt keine Angst.« Ich glaube daran, dass die Verheißungen der Bibel wahr sind. Darum möchte ich die Versprechen Gottes kennen und sie in meinem Lebensplan einberechnen. Und auch wenn es in meinem Kopf und meiner Seele oft so trüb und dunkel ist, ist dieser göttliche Friede präsent in meinem Herzen. In mir herrscht trotz meiner Krankheit ein Zustand von Gelassenheit und Hoffnung.

Wenn ich morgens müde meinen ersten Kaffee zubereite, lese ich immer den Vers in Jeremia 29,11: »Denn ich allein weiß, was ich mit euch vorhabe: Ich, der Herr, habe Frieden für euch im Sinn und will euch aus dem Leid befreien. Ich gebe euch wieder Zukunft und Hoffnung. Mein Wort gilt« (HFA). Also steht eines fest: Gott und ich haben dasselbe Ziel: endlich frei sein von dem Leiden. Auch wenn du diese göttliche Perspektive heute oder an einem anderen Tag nicht glauben kannst, hilft es dir vielleicht, den Vers dennoch zu lesen und dabei zu beten: »Herr, hilf meinem Unglauben!« Du kannst den göttlichen Frieden nicht selbst in dein Herz pflanzen; du kannst aber Gott die Erlaubnis dazu geben und ihn darum bitten. »Schenk mir bitte endlich den Frieden, den du für mich im Sinne hast. Amen.«

Ressourcen

Ich lehne mich an die geschlossene Zugtür hinter mir, schließe die Augen und atme tief ein. »Jesus Christus«, flüstere ich beim Einatmen, »Sei mein Hirte!« beim Ausatmen. »Jesus Christus, sei mein Hirte!« Immer wieder. Ich wiederhole diese Worte vielfach leise für mich, denn ich weiß, dass es mir hilft, meine Gedanken wieder klar auf die Gegenwart zu richten und aus meinem Gedankenkarussell auszusteigen. Langsam kehrt wieder Ruhe in meinem Körper ein, meine Hände zittern nicht mehr und die Hitze zieht vorbei.

Es gibt immer wieder Situationen in meinem Leben, in denen ich am liebsten die Pause-Taste drücken würde. Gerade in großen Menschenmengen oder an hektischen Orten fühle ich mich schnell ausgeliefert und überfordert. Deshalb ist es sehr wichtig für mich, Ressourcen zu haben, auf die ich in solchen Momenten zurückgreifen kann. So auch auf dieser Zugfahrt. Die Hektik am Hauptbahnhof hat mich überfordert, die Gesichter der Menschen sind von Hoffnungslosigkeit und tiefem Schmerz geziert. Da überrollen mich all diese Eindrücke schnell, die Lautstärke der zischenden Züge, die vorbeirasen, das grelle Licht und die Einsamkeit der Menschen. Ich fasse in meine Jackentasche und finde mein Feuerzeug. Noch immer stehend im Zug zünde ich es an und ein kleines Flämmchen tänzelt herum. Ich bete: »Heiliger Gott, begegne du den Menschen um mich herum in ihrer Not. Amen.« Dann puste ich das kleine Flämmchen wieder aus und verstaue das Feuerzeug für nächstes Mal wieder in meiner Tasche. Dieses kleine Ritual hilft mir dabei, mir klarzumachen, dass das Licht bei Gott weiterbrennt und er jeden Menschen in seiner Hand hält. Die Verantwortung liegt nicht bei mir.

Meine Eltern leben eine Ehe für 30 Jahre, dann kommt der Tag, an dem sie sich trennen. Ja, ich kenne die Scheidungsrate, aber nicht doch meine Eltern! Die Realität sieht leider anders aus. Papa bleibt allein im großen Familienhaus, meine Mutter zieht vorübergehend in ein kleines Apartment. Ich würde so gern auf »Pause« drücken. Wo ist nur dieser scheiß Knopf? Wie soll ich das einordnen, wie kann ich das verstehen?

Es gibt keinen Pause-Knopf, das Leben rast mit all seinen Anforderungen einfach weiter an mir vorbei. In mir steigt die Angst auf, dass ich wieder in eines meiner schwarzen Löcher falle. Auf dieser Welt gibt es nichts Schönes, das Bestand hat. Alles geht irgendwann kaputt. Also wozu noch hoffen?

Erstaunlicherweise bleibt das Loch diesmal weg. Feuerzeug an, Gebet, auspusten. Immer wieder mache ich diese Übung. In mir kommt Trauer auf. »Gut so«, denke ich mir. »Ja, Janice, du darfst traurig sein! Fühle. Das ist gut so.«

Immer wieder greife ich in meiner Trauer zum Feuerzeug für meine Gebetsübung. Ich habe Wichtiges gelernt: Es gibt nicht nur die Möglichkeit, Dinge schönzureden oder in Depressionen zu ertrinken. Es gibt die Möglichkeit zu fühlen – und diese Gefühle vorbeiziehen zu lassen. Gefühle bleiben nicht für immer. Und sie haben ihre Berechtigung und ihren Sinn. Ich darf Trauer und Enttäuschung fühlen. Und ich halte es aus, auch wenn es wehtut. Natürlich ist es traurig, wenn eine Beziehung nach 30 Jahren Ehe auseinandergeht! Einige Tage weine ich immer wieder. Nach zwei Wochen vergeht jedoch diese Trauer langsam und ich kann akzeptieren, dass wir noch immer alle zusammen eine Familie sind. Über meine Tränen bin ich erleichtert. Ich kann fühlen, ohne dass es mein Herz komplett zerreißt. Es zieht mir nicht den Boden unter den Füßen weg. Ich verliere mich nicht in endloser Hoffnungslosigkeit, nein, ich bin für eine angebrachte Zeit traurig.

Meinem Vater ging es psychisch schnell wieder besser und meine Mutter hat ein schönes neues Zuhause gefunden, ihre persönliche grüne Oase. Es scheint, als ob meine Eltern tatsächlich nicht tiefer fallen konnten als in Gottes Hände. Er ist ihnen genauso nahe wie mir und deshalb übe ich, andere Menschen in Schwierigkeiten immer wieder im Gebet an ihn abzugeben und dann im Vertrauen loszulassen.

Welche Ressourcen kennst du? Wie gehst du mit schwierigen Situationen um? Vielleicht sprichst du lange und intensiv mit einer Freundin oder deinem Partner darüber oder du malst und lässt deiner Kreativität freien Lauf. Es gibt unendlich viele Dinge, die du tun kannst, um dir etwas Gutes zu tun, aber du musst diese Ressourcen selbst entdecken. Und ja: Wenn es mir richtig schlecht geht, fühlt es sich auch für mich manchmal so an, als ob meine Ressourcen überhaupt nichts verändern würden. Aber ich habe durch viele Jahre Depression gelernt, dass diese Tools und Dinge für mich langfristig enorm heilsam sind und mir Kraft schenken. Genau darum entscheide ich mich immer wieder dafür, neue Ressourcen oder *Skills* zu entdecken und dann auch einzusetzen.

Wenn alle Stricke reißen

Obwohl ich mittlerweile viele Ressourcen regelmäßig nutze, gibt es immer wieder Phasen, da bin ich mitunter Monate tief erschöpft. Nichts hilft mir dabei, mich wirklich zu erholen, und auch mit genügend Schlaf bin ich ständig todmüde. Im Sommer letzten Jahres habe ich meinen Bachelor erfolgreich absolviert, doch danach fühlte ich mich so unfassbar energielos. Jede Faser meines Körpers war müde. Nach meinem Abschluss habe ich monatelang nur 60 % gearbeitet und gefühlt die restliche Zeit meiner Woche nur geschlafen. Jede Nacht forderte 14 Stunden Schlaf von mir und zusätzlich konnte ich keinen Tag überstehen, ohne ein bis zwei Stunden Nachmittagsschlaf einzuplanen. Sobald ich mich auf das Sofa setzte, schlief ich direkt wieder ein. An einem Nachmittag wollte Benjamin mit mir spazieren gehen und ich wusste, es würde mir guttun, also willigte ich ein. Er ging ins Schlafzimmer und holte sich einen Pullover, da es draußen winterlich kalt war. Als er zurück ins Wohnzimmer kam, war ich eingeschlafen, also weckte er mich liebevoll: »Baby, komm wir gehen jetzt spazieren.« Kaum hatte er seine Jacke an, war ich jedoch wieder eingeschlafen. Am Ende habe ich es dann doch dank viel guten Zuredens und Geduld vom Sofa hochgeschafft und mit Benjamin einen kleinen Spaziergang genossen.

Vier Monate nach meinem Studienabschluss und endloser Müdigkeit kam ich zu dem Entschluss, dass sich etwas ändern musste. Ich vereinbarte einen Termin mit meinem Hausarzt. Bestimmt hatte ich irgendeinen Mangel, vielleicht sogar eine weitere Krankheit, die meine körperliche Erschöpfung erklärte. Da wir noch nicht so lange in der neuen Umgebung wohnten, war es erst mein zweiter Termin bei diesem Arzt. Mit einer solch jahrelangen psychischen Krankheitsgeschichte, wie ich habe, ist es schwierig, einen Arzt zu finden, der einen dennoch auch als »normalen« Patienten (also abgesehen von den psychischen Beschwerden) ernst nimmt. Aber ich hatte Glück und fand einen Hausarzt, der das eine gut vom anderen trennen konnte.

Er untersuchte viele körperliche Aspekte, um alle möglichen Ursachen für meine Müdigkeit ausfindig zu machen. Nach zwei langen und ausführlichen Untersuchungsterminen rief mich mein Hausarzt an und teilte mir die gute Nachricht mit: »Ihr Körper ist kerngesund.« Ich bedankte mich für den Anruf, hing das Telefon auf und begann zu weinen. Gesund. Also keinen Mangel, der mein Ergehen erklärt. Wie schön wäre es gewesen, hätte irgendetwas meine Müdigkeit erklärt und man hätte sie einfach beheben können. Erneut musste ich der Wahrheit in die Augen blicken: Die Depression hatte sich neuen Raum in meinem Alltag erschlichen.

Damit war klar, dass ich diese tiefe, schier unüberwindbare Müdigkeit und Erschöpfung mit meiner Psychologin angehen musste. Bei meinem nächsten Termin beim Psychiater habe ich ihm erzählt, wie sehr ich mich dieser endlosen Müdigkeit ausgeliefert fühle. Es war für mich nicht klar, ob ich mich noch immer von einer zu anstrengenden und herausfordernden Zeit bis zum Abschluss meines Studiums erholen musste oder ob mein aktuelles Teilzeitpensum noch immer viel zu groß und ich deshalb derart erschöpft war. Der Psychiater hatte einen Vorschlag, wie man das herausfinden könnte. Ich war gespannt; unbedingt wollte ich wissen, woran es lag, dass ich mein Leben nur noch horizontal und schnarchend verbrachte. Er sah eine komplette Auszeit als einfachste Möglichkeit, mich dieser Müdigkeit zu stellen – in einer Rehaklinik.

Ein Schock. Hatte dieser Mann gerade das Wort *Klinik* gesagt? Ich konnte trotz der Symptome immer noch nicht glauben, dass die Depression wieder (oder besser gesagt: immer noch) so großen Einfluss auf mein Leben hatte. Zwar nahm ich täglich Medikamente, aber schließlich arbeitete ich als Co-Pastorin und trug viel Verantwortung. Die meisten merkten nicht einmal, dass es mir nicht gut ging. So schlimm konnte es doch wohl nicht sein! Trotz aller Zweifel entschied ich mich damals, den Fachleuten zu vertrauen. Offensichtlich war ich noch immer nicht besonders gut darin, selbst einzuschätzen, wie es mir wirklich erging. Mit meinen

24 Jahren war ich schon oft genug auf die Schnauze gefallen und wusste, dass es keinen Sinn machte, nach außen irgendein Bild aufrechtzuerhalten. Wenn ein Klinikaufenthalt das war, was mir guttun würde, dann war das eben so.

Beziehungen als Ressource

Wir sind erschaffen als Beziehungswesen. Genau darum lohnt es sich sehr, in Beziehungen zu investieren. Wir können nicht unbegrenzt viele Menschen in unserem Umfeld haben, die uns wirklich nahestehen, aber ein oder zwei echte Vertrauenspersonen sind unbezahlbar wertvoll. Jede Beziehung erfordert Verletzlichkeit und Ehrlichkeit – umso mehr, wenn du große psychische Herausforderungen kennst. Dennoch möchte ich dich dazu ermutigen: Trotz der Herausforderungen sind gesunde Beziehungen auch während einer Depression möglich. Also habe ich die Entscheidung, ob ich erneut in eine Klinik gehen solle, mit meiner Psychologin besprochen. Wenig später habe ich mich dann mit ihr und Benjamin gemeinsam entschieden – und zwar gegen den Klinikaufenthalt. Aus ganz einfachen Gründen: Meine Ressourcen zu Hause sind sehr stark vorhanden und meine Ehe unterstützt mich immens. Ich habe auch gelernt, dass ich selbst meist eine gute Freundin für mich sein kann. Somit habe ich mich gegen einen erneuten Klinikaufenthalt entschieden, denn dabei würde ich viele der Ressourcen verlieren, die mir starken Halt geben.

Meine größte Ressource heute ist meine Beziehung zu meinem Ehemann und unser Zuhause. Unsere Wohnung ist mein sicherer Ort. Ich weiß, dass ich mich hierhin jederzeit zurückziehen kann. Gerade während der Covid-19-Pandemie haben Benjamin und ich viel im Homeoffice gearbeitet. Besonders während dieser Zeit habe ich gemerkt, wie tragend mein sicheres Zuhause mit ihm für mich ist. Trotz der Umstände habe ich mich wohlgefühlt und konnte Kraft tanken, statt aufgrund all der Einschränkungen und Umstellungen Energie zu verbrauchen.

Benjamin weiß, Gott sei Dank, dass er meine Krankheit nicht heilen kann. Es ist mir wichtig, dass er diese Bürde nie zu tragen hat. Sie existiert unabhängig von ihm und unserer Beziehung. Trotzdem ist er für mich meine wichtigste Stütze. Er weiß, wie er mir ganz praktisch im Alltag helfen kann. Ein Beispiel: Wir sind abends zu Hause und jeder verbringt den Abend für sich. Benjamin ist in unserem Büro und spielt ein Computerspiel, ich verbringe gemütlich meine Zeit im Schlafzimmer mit Nichtstun. Nach einiger Zeit kommt Benjamin zu mir ins Zimmer und fragt, ob es mir gut gehe. Er weiß: Meine Welt kann manchmal schlagartig zusammenbrechen. Er kam einfach kurz zu mir, um zu sehen, wie es mir an diesem Abend erging. Ich fühlte mich so geliebt und verstanden! Benjamin wollte einfach sichergehen, dass alles mit mir in Ordnung war.

Wenn ich ankündige, dass ich einen Mittagsschlaf machen möchte, konfrontiert er mich liebevoll, aber bestimmt, ob ich wirklich erschöpft bin oder ob es vielleicht nur eine Art Ausweichen vor dem Alltag ist. Es braucht Mut, solche Fragen zu stellen, denn damit fordert er von mir absolute Ehrlichkeit. Ich denke dann kurz darüber nach und wenn ich zu dem Schluss komme, dass ich wirklich einfach müde bin und etwas Schlaf brauche, gibt er mir einen Kuss und deckt mich zu, um mich einige Zeit später wieder zu wecken.

Zweimal im Jahr gehen wir als Angestellte der ICF Church in Zürich für ein bis zwei Tage in einen Retreat. Ich liebe diese Tage, denn sie bieten Erholung, Tiefgründigkeit und starke Beziehungen. Am Morgen gibt es eine kurze Session; diese wird durch einen begeisternden und besonders lauten Countdown eingeläutet. Meinen Hörschutz hatte ich leider nicht dabei und verzweifelte fast wegen der Lautstärke, also hielt ich mir die Ohren zu. Das finde ich immer etwas unangenehm, denn es sieht passiv aggressiv aus, wenn sich jemand die Ohren zuhält. Benjamin stand neben mir, zog mich zu sich und umarmte mich von hinten und hielt mir die Ohren zu. So schien ich nicht wie die frustrierte alte Frau in der hintersten Reihe, die jede Woche dem Audio Volunteer vorwirft, dass der Lobpreis im Gottesdienst zu laut ist. Diese Dinge bedeuten mir so viel, weil ich weiß, dass es auch ohne sie geht. Aber es sind solche winzigen Unterstützungen, durch die ich mich verstanden fühle. Ich darf empfindlich sein gegen Lautstärke, das ist keine Schwäche, sondern einfach, wie ich als Mensch funktioniere.

In einem Summercamp überrollen mich meine Gedanken und ich versinke in dem tiefen Ozean meiner Gefühlswelt; es fühlt sich kalt und dunkel an. Schnell gehe ich spazieren, denn ich brauche jetzt Ruhe, Natur und ein Gespräch mit meinem Vater im Himmel. Als ich zurückkomme, gehe ich zu Benjamin und teile ihm mit, dass ich mich in unser Zimmer zurückziehe. Es ist noch nicht Schlafenszeit, eigentlich erst kurz nach dem Abendessen, doch ich brauche jetzt Ruhe. Er nimmt meine Hände und fragt mich, ob es mir körperlich nicht gut gehe oder in meinem Herzen. Ich erzähle ihm, dass meine Gefühlswelt gerade in der Tiefe versinkt. »»Möchtest du mit mir darüber reden oder lieber allein sein?«, fragt er mich. Jetzt möchte ich nicht darüber sprechen, sondern will die Ruhe fühlen, also sage ich ihm das. Er gibt mir einen Kuss und ich gehe in unser Zimmer.

Vielleicht klingt das nun so, als ob er mir gar nicht geholfen hätte. Eigentlich aber tat er genau, was ich mir so sehr wünschte. Ich wollte, dass er weiß, dass es mir in meinem Herz nicht gut ging, dass sich hier wieder dieser Schmerz ausbreitete. Doch ich wollte in dem Moment nicht darüber sprechen. Er hat mir genug vertraut, dass ich mir selbst Gutes tue, und er ließ mich ohne Zögern allein ins Zimmer und kam erst zu mir, als er auch schlafen ging.

Am nächsten Tag setzten wir uns zusammen, um über meine Gedanken zu sprechen. Die Leiter um uns herum hätten so viel Kraft und Energie, ich selbst sei ständig nur dabei auszurechnen, wann meine Energie für diese Woche aufgebraucht sein wird. Wie könne ich als Pastorin arbeiten, wenn alle anderen Leiter und Leiterinnen so viel mehr Leichtigkeit in sich trügen? Meine Anstellung sei lediglich zu 60 %, meine Medikamente gut eingestellt, ich habe einen Tages- und Wochenrhythmus und ich setze alle Ressourcen ein, die ich kenne. Was könne ich noch tun, dass es mir irgendwann besser gehen würde? Nichts! Nichts. Wie solle ich so meine Vision, Kirche zu bauen, zu verändern und aufblühen zu lassen, jemals umsetzen?

Benjamin hörte mir zu und nahm mich ernst. Ich sah das Mitgefühl in seinem Gesicht. Er schaute mir tief in die Augen und sagte: »Deine Träume und Visionen sind so kraftvoll, die können nicht in dir stecken bleiben. Es muss einen Weg geben, diese zu Boden zu bringen. Vielleicht kannst du dies nicht allein, aber bestimmt mit passender Ergänzung, und ich finde ja, ich bin eine sehr passende Ergänzung.«

Tatsächlich wollte ich in diesem Lagerhaus am See im Tessin meine Träume begraben. Aufgeben gehört so gut wie nie zu meiner Strategie, doch dort habe ich einfach nicht mehr weitergesehen. Genau da hat Benjamin meiner Angst eine Kampfansage gemacht und mir neuen Mut geschenkt. Ich liebe es so sehr, dass ich als Ergänzung an Benjamins Seite stehen darf – wie wunderbar, dass er auch eine Ergänzung zu mir ist! Das ist mein göttliches Verständnis von Ehe.

Nicht nur Benjamin trägt mich, sondern mein ganzes nahes Umfeld. Chantal und ich waren an einem Nachmittag verabredet und haben im Verlauf des Morgens miteinander geschrieben. Irgendwie war es gerade eine schwierige Zeit für mich und Chantal schickte mir eine Sprachnachricht: »Wenn es dir zu viel ist, verstehe ich total, wenn du heute absagst oder ich einfach zu dir kommen soll. Sag mir einfach, was für dich am besten passt.« Eine andere Freundin, Vanessa, schickt mir immer wieder kurze und liebevolle Ermutigungen zwischendurch: »Viel Kraft für den Wochenstart, ich denke an dich.« Oder sie schickt mir ermutigende Lieder, die sie an mich erinnern. Meine *Smallgroup* hat einen extra Gruppenchat gestartet, um mir Zusagen und Bestärkungen zu schicken. So kann ich jederzeit die Zusagen nachlesen, ohne danach suchen zu müssen, und habe stets direkten Zugriff auf sie.

Das *Oneighty*-Team hatte an einem Nachmittag gemeinsam 30 Konfirmanden und Konfirmandinnen zu uns nach Hause eingeladen und den Nachmittag mit ihnen verbracht. Als endlich nur noch wenige Leiter und Leiterinnen bei uns waren, stand schon zwei Stunden später wieder die nächste *Celebration* an. Für alle wäre es am einfachsten gewesen, bei uns diese zwei Stunden abzuhängen und dann gemeinsam zum Gottesdienst zu gehen. Trotzdem fragte mich ein guter Freund: »Sollen wir gehen, damit du noch etwas Ruhe hast?« – Es war ihm wichtiger, mir genug Ruhe zu geben, als seine zwei Stunden möglichst einfach und gemütlich zu überbrücken. Für solche Momente und Freunde und Freundinnen bin ich unendlich dankbar. Es ist für mich nicht selbstverständlich, dass so viele Menschen über so lange Zeit auf mich Rücksicht nehmen. Das berührt mich sehr.

Auch mein Glaube ist für mich eine starke Ressource, denn ich kann daraus Vision und Hoffnung schöpfen. Meine Gedanken, Zweifel und Emotionen kann ich immer mit Gott anschauen und diskutieren. Die Bibel hilft mir, einen hoffnungsvollen Blick für das Leben zu pflegen, und der Heilige Geist, weise Entscheidungen zu treffen. Doch auch Dinge wie ein gutes Körpergefühl, Zeit allein und Routine sind für mich Ressourcen. Diese Dinge geben mir neue Kraft und lassen mich Erholung erleben.

Es kann sehr hilfreich sein, sich selbst gut zu kennen und die eigenen Bedürfnisse nicht mit denen von anderen Menschen zu vergleichen. Ich brauche sehr viel Schlaf – und ich meine wirklich viel. Wenn Menschen hören, wie viele Stunden ich schlafe, erhalte ich den ungefragten Tipp: »Man kann sich antrainieren, weniger zu schlafen.« Oder ich werde darauf aufmerksam gemacht, dass man auch zu viel schlafen kann. Das mag alles nett gemeint sein, aber für mich ist und bleibt Schlaf einer meiner wichtigsten Ressourcen. Weitere Ressourcen können Ernährung, Meditation oder Kreativität sein. Ressourcen sind sehr individuell und es ist ein spannender Weg, diese zu entdecken.

Viele alltägliche, kleine Entscheidungen führen mich zu genug Ressourcen und somit zu einem Alltag, den ich überwinden kann. Einzeln betrachtet würde ich diese Dinge vielleicht nicht einmal Ressource nennen, aber alles zusammen macht einen entscheidenden Unterschied. Ich höre sehr bewusst Worship oder Musik, deren Text mich auferbaut und nicht triggert. Mein Schlaf ist gut geplant und konstant. Auch ein Abendritual, in welchem ich stets vor dem Schlafengehen ein Bad nehme, ist Teil meines Alltags. Zum Office laufe ich, meistens bei jedem Wetter, fünfzehn Minuten hin und auch zurück, denn diese wenige Bewegung brauche ich mindestens täglich. Ich trinke genügend Wasser und versuche, meiner Haut möglichst Sonnenstrahlen zu gönnen. Diese auf den ersten Blick vielleicht nebensächlichen Entscheidungen ermöglichen es mir, mein Leben sinngebend zu gestalten und durchzuhalten.

Auf der anderen Seite ist es genau dieses bewusste und stets disziplinierte Leben, das mir meine Leichtigkeit stiehlt. Ich bin sehr freiheitsliebend; spontane und flexible Entscheidungen lassen mich aufblühen: einfach mal ungeplant verreisen, feiern oder tanzen gehen. Nein, stets muss mein Wochenplan genauestens berechnet sein – wofür reicht meine Energie und wofür eben nicht? Von Herzen möchte ich in göttlicher Weisheit leben, disziplinierte Entscheidungen treffen und gut für mich sorgen. Trotzdem gebe ich dies immer wieder müde auf und entscheide mich für die Dinge, die mir Energie rauben, mich triggern und mir ein schweres Herz aufladen. Immer wieder von Neuem muss ich lernen, auf Dinge zu verzichten und meine Kapazität für Abenteuer und Unternehmungen nicht mit anderen zu vergleichen.

Walhai ahoi

Unabhängig davon, wie lange das Gesundwerden dauert oder es sich gestaltet, bin ich fest davon überzeugt, dass man sich von einer Depression erholen kann. Ich kenne diverse Geschichten von Freunden, die mit Behandlungen und durch einen Prozess aus dieser Krankheit fliehen konnten. Doch auch während du mit einer psychischen Krankheit kämpfst, kannst du im Leben aufblühen und mit Lebensqualität leben. Das fordert jedoch eine tägliche Entscheidung von dir, im Leben zu bleiben und mit göttlicher Weisheit zu leben.

Schon seit ich ein Kind war, bin ich fasziniert vom Flaschentauchen und habe bei jeder sich mir bietenden Möglichkeit einen Tauchgang gemacht. Erst mit zehn Jahren kann man das *Open Water Diver Brevet* absolvieren, welches einem erlaubt, als Kind im offenen Meer zu tauchen. Das konnte mich jedoch nicht aufhalten. Bereits mit acht Jahren habe ich meine ersten Tauchgänge im Meer erlebt. Mit neun Jahren habe ich dann den Kurs absolviert und mein *Dive Master* hat das Datum einfach in die Zukunft gesetzt, und zwar genau ein Jahr später, an meinem zehnten Geburtstag. Das Zertifikat habe ich zu Hause aufbewahrt, es nach meinem zehnten Geburtstag sofort eingeschickt und das Zertifikat kurze Zeit später offiziell erhalten.

In all den Jahren haben wir oft als Familie Tauchferien gemacht und ich durfte die schönsten Plätze rund um die Welt unter Wasser erkunden. Mein größter Traum war es immer, einen Walhai sehen zu dürfen. Ich kann mich noch gut erinnern, als ein Tauchguide bei einem unserer Ausflüge auf den Bahamas auf einmal laut »Walhai!« rief und alle sofort Schnorchel und Flossen montierten und ins Wasser hechteten. Ich und auch einige andere waren aber leider zu langsam und als wir am besagten Ort ankamen, war der Walhai bereits wieder abgetaucht.

Während der Covid-Krise konnten meine Mutter und ich gemeinsam Tauchferien in den Malediven verbringen. Die Reise war aufgrund der Pandemie etwas komplizierter und aufwendiger als frühere Reisen. Glücklicherweise konnten wir trotz einigen Herausforderungen dann aber zusammen nach Male fliegen und das Boot für die Tauchsafari betreten. Gemeinsam mit den anderen 20 Gästen haben wir auf diesem Tauchboot für eine Woche gewohnt und jeden Tag drei Tauchgänge gemacht. Es war eine unbeschreiblich schöne Unterwasserszenerie. Nach jedem Tauchgang dachte ich, das muss nun das Highlight dieser Woche gewesen sein. Trotzdem war jeder Tauchgang phänomenaler als der zuvor.

Eines Abends informierte uns die Crew, dass wir an einem Ort stationiert sind, der hohe Chancen für Walhaie berge. Die Bootscrew würde die ganze Nacht Ausschau halten und diejenigen aufwecken, die gerne mit einem Walhai schnorcheln wollten. Ich habe jedem der Crewmitglieder bestimmt dreimal versichert, dass ich, egal, um welche Uhrzeit, sofort aufspringen und ins Wasser gehen werde, um einen Walhai zu sehen.

Tatsächlich: Mitten in der Nacht klopfte es laut an den Türen. Bereits vom Vorzimmer hörte ich das Klopfen und sprang aus meinem Bett, griff nach meinem Bikini und rannte nach oben auf das Deck. Ganz vorsichtig, ja, ohne zu plätschern, stiegen wir in das Wasser. Und wirklich, da war ein wunderschöner Walhai. Sofort stiegen mir die Tränen in die Augen, denn dieser Anblick war so einzigartig wunderschön. Als dann ein zweiter Walhai auftauchte, konnte ich mein Glück kaum fassen. Da die zwei Walhaie hier viel Plankton fanden, blieben sie stundenlang. Ich hatte noch nie zuvor davon gehört, dass man einem Walhai die ganze Nacht beim Fressen zuschauen konnte. Zuerst konnten wir die mächtigen Tiere während des Schnorchelns beobachten, dann habe ich mich auf dem Deck hingelegt und von oben den zwei Walhaien zugeschaut. Die Tränen liefen mir über die Wangen. Niemals hätte ich mir vorstellen können, dass mein Traum, einem Walhai zu begegnen, dermaßen übertroffen werden könnte. Ich weinte, weil ich an all die Tage gedacht habe, an denen ich mir wünschte, nicht mehr auf dieser Welt zu sein, oder ernsthaft überlegte, meinem Leben ein Ende zu setzen. Das waren Momente, in denen mich der Ozean in mir zu verschlingen schien. Doch in dieser Nacht wurde mir bewusst, wie viele unbeschreiblich schöne Dinge das Leben mit sich bringen kann. Als ich stundenlang da auf diesem Deck lag und meine Lieblingstiere beobachtete, bis sich alle anderen Bootsgäste längst wieder schlafen gelegt hatten, wurde mir bewusst, dass Depressionen und Glück sich gegenseitig nicht ausschließen. Die vergangenen dunklen Jahre konnten mir dieses Erlebnis nicht rauben. Dieser Moment tiefer Dankbarkeit und Freude auf dem Deck zeigte mir, dass ich niemals wissen kann, welche Schönheit um die nächste Ecke des Lebens auf mich wartet.

    Der Ozean der Depression ist kalt und düster, aber er wird mich und dich nicht ertränken. Gottes Rettungsring ist immer griffbereit. Ich fühle mich sogar wie ausgerüstet mit einer Taucherbrille, um in die Tiefen des Ozeans meiner Depression zu blicken. Gott lässt mich Dinge erkennen, die in meinem Leben und auch für andere zu großem Segen werden. Nur so konnte dieses Buch überhaupt entstehen. Diesem Ozean bin ich nicht länger hilflos ausgeliefert, sondern mit dem Heiligen Geist kann ich sogar Stärken daraus ziehen. Die Gegenwart mag sich unendlich dunkel anzufühlen, aber gib nicht auf; du weißt nicht, welcher Walhai noch auf dich wartet.

Ähnlich beschenkt von Gott wie durch meine Begegnung mit diesen Walhaien fühle ich mich in Bezug auf meine Anstellung in der ICF Church. Ich studierte 60 % Teilzeit, arbeitete 40 % bei der UBS Schweiz und investierte rund 10 Stunden in der Woche als Volunteer in der Kirche. Mein Alltag war dicht getaktet. Ich war voller Dankbarkeit, dass ich das Studium machen konnte und mich so vielseitig in die Kirche investieren konnte, aber anstrengend war die Zeit auf jeden Fall. Ich träumte davon, fünf Jahre nach meinem vierjährigen Studium eine Festanstellung in der ICF Church zu erhalten. Diese Vision beflügelte mich, im Alltag mein Bestes zu geben. Bereits während der ersten Hälfte meines Studiums ergab sich die Möglichkeit einer Festanstellung im *Oneighty*, also sieben Jahre früher, als ich zu träumen wagte. Gottes Zeitplan hat einfach nichts mit dem zu tun, wie wir uns unser Leben vorstellen. Und das ist das Beste, was uns passieren kann.

Diese Hoffnung und diese Erfahrung wünsche ich dir: dass Gott dich überrascht. In der Zeit meines Klinikaufenthalts habe ich gemerkt, dass Hoffnung eine unglaublich starke Kraft ist. Trotz meiner Depression, trotz all meiner Trauer und Angst war da immer dieser kleinen Funken Hoffnung in meinem Herzen. Meine Betreuerin in der Klinik hat diesen Funken wahrgenommen und mir dies als positives Feedback am Ende meines Aufenthalts mit auf meinen Lebensweg gegeben. Dieser Funken war für mich der Glaube an Jesus Christus.

Ich bin fest davon überzeugt, dass mit Gott alle Dinge möglich sind. Genau dieser Glaube an das Unmögliche schenkt mir einen Funken Hoffnung. Dieser Funke machte die Behandlung meiner Depression ein klein wenig einfacher. Versunken in vollkommener Hoffnungslosigkeit, glaubt man nicht mehr daran, dass irgendeine

Behandlung etwas verändern könnte. Doch ich konnte mir vorstellen, dass aufgrund dieses Funkens eine Besserung möglich sein könnte. Für mich war das der Grund, weshalb ich mich entschieden habe, mich auf die Behandlung einzulassen und einen Weg zur Besserung wenigstens zu versuchen.

Trägst du einen Traum in deinem Herzen? Träumst du wie ich davon, eines Tages in der Kirche zu arbeiten, oder möchtest du deine Begabungen dafür einsetzen, in der Businesswelt aufzusteigen? Es gibt Unmengen an Träumen, die wir in unserem Herzen tragen, kleine und große. Ein kleiner Traum von mir ist es, mal Fallschirmspringen zu gehen, und ein großer Traum ist das Buch, welches du gerade liest. Halte an deinen kleinen und großen Träumen fest, denn es zeigt, dass du an eine Zukunft glaubst, für die es sich zu leben lohnt.

Ich lebe heute mit der Depression und mit Freude. Eines meiner größten Merkmale ist meine Ausstrahlung. Ich habe das Goldlöckli in mir wiederentdeckt – und das nicht erst, nachdem ich die Depression überwunden habe. Na ja, mich nennt niemand mehr Goldlöckli, dafür habe ich einen Gebärdennamen von meinen gehörlosen Bekannten erhalten, der mir viel bedeutet. Gebärdennamen bauen oft auf einer Auffälligkeit wie einem Hobby, Charaktereigenschaften oder etwas Äußerlichem auf. Mein Name ist eine öffnende Handbewegung mit Daumen und Zeigefinger über dem lachenden Mund mit der klaren Aussprache meines Namens, Janice. Ich liebe diesen Gebärdennamen, weil er meine freudige Ausstrahlung symbolisiert. Auch das war ein Traum von mir: eines Tages zu meinem strahlenden Inneren zurückzufinden, und dieser Gebärdenname zeigt mir, dass mit Gott wirklich nichts unmöglich ist.

Durch die Depression habe ich viel für mein Leben gelernt. Das Wichtigste ist vermutlich, dass ich gelernt habe, mich selbst ernst zu nehmen und aktiv auf meine Bedürfnisse zu achten. Mein Leben ist für mich ein unbezahlbares Geschenk. Ich möchte dies bis aufs letzte Detail auskosten und zugleich bin ich stets darum bemüht, mit diesem Geschenk behutsam und wertschätzend umzugehen. Ich plane mir viele Ruhezeiten ein und gönne mir viele Stunden Schlaf – wirklich viele. Ganz alltägliche Dinge, die nicht einmal besonders wichtig wirken, gönne ich mir. Beispielsweise habe ich mir einen Lärmschutz für 300 CHF anfertigen lassen, denn ich reagiere sehr empfindlich auf laute Geräusche. Zusätzlich habe ich mir jede Woche einen Ruhetag eingeplant. An diesem Tag arbeite ich an keinem Projekt und treffe auch nur sehr ausgewählte Menschen. Dieser Tag ist meine Form des Sabbats. Bevor ich diese Dinge aber umsetzen konnte, musste ich herausfinden, was meinem Innersten wirklich wohltut. Es ist völlig in Ordnung, wenn der Prozess, sich selbst zu entdecken, eine Weile dauert. Was auch immer mir guttut, ich tue es, denn heute weiß ich, dass ich es wert bin.

Ich darf schon viele Schritte weiter sein als noch vor wenigen Jahren und doch bin ich nach wie vor dankbar für jede Unterstützung, die ich in Anspruch nehmen kann. Aber Angebote von Beratung und professioneller Hilfe sind nicht einzig für Menschen, die die Diagnose einer psychischen Krankheit erhalten haben. Ich wünsche mir, dass dieses Denken sich noch viel mehr in unserer Gesellschaft verbreiten würde. Nicht jedem, der offiziell als gesund gilt, geht es immer gut. Nicht erst, wenn man völlig am Ende ist, darf man Beratung oder Seelsorge in Anspruch nehmen, sondern schon hundert Schritte zuvor. Ich darf auch Unterstützung in Anspruch nehmen, um einen besseren Umgang mit Stress zu erlernen oder Lebensmuster zu reflektieren. Auch gesunde Menschen dürfen das. Und zwar einfach, um gesund zu bleiben!

Ich habe viel zu lange allein einen Weg gesucht, dabei wäre das gar nicht nötig gewesen. Daraus habe ich definitiv gelernt. Es ist mein tiefes Anliegen, dass ich auf mich achtgebe, und dafür bin ich gerne bereit, einen Weg zu gehen. Jeder Mensch trägt die Verantwortung, sich selbst um seinen Körper, seinen Geist und seine Seele zu kümmern. Niemand anders kann das für dich tun. Psychische Gesundheit ist ein Lebensthema, welches jeden Menschen betrifft.

Ich bin so froh, weil ich fest davon überzeugt bin, dass meine Geschichte einen hoffnungsvollen Blick dafür öffnet, dass ein Leben mit einer psychischen Krankheit absolut lebenswert ist. Eine Depression fühlt sich so endgültig an, doch hat sie nie das letzte Wort. Trotz meiner Depression darf ich viele Erfolge feiern, die mir eigentlich unmöglich schienen.

Sehr jung durfte ich die Liebe meines Lebens heiraten. Mein Ehemann gehört zu den seltenen Menschen, die ich als zutiefst aufrichtig und liebend beschreiben würde. Sein Charakter ist so wunderschön, dass ich oft darüber ins Staunen gerate. Auch meinen Bachelor in Theologie durfte ich abschließen und meinen Tätigkeitsbereich von einer Großbank zur Kirche verlagern. Heute blühe ich in meinem Job als Pastorin auf wie nie zuvor. Ständig arbeite ich an neuen Projekten und durfte schon unfassbar vielen jungen Menschen helfen, sich mit ihrer psychischen Krankheit anzunehmen und auf das Leben einzulassen. Es ist einfach unglaublich, wie viel ich jeden Tag anpacken und verändern kann – und du kannst das genauso! Meine Dankbarkeit für mein Leben, wie es heute ist, kann ich kaum beschreiben. Damals, als ich in meiner schweren Depression fast ertrunken bin, hätte ich mir niemals vorstellen können, wie schön das Leben für mich einmal sein wird, trotz der Depression – geschweige denn nur so wenige Jahre später. Dass ich mich in meinem Leben so wohlfühle und mich auf den nächsten Tag, ja, sogar auf die nächsten Jahre freuen kann, hätte ich mir damals nicht einmal erträumen können.

Jede psychische Krankheit scheint auf ewig alles zu bestimmen. Doch auch wenn eine solche Krankheit über deinem Leben hängt, kannst du lernen, ein positives Leben zu leben. Ich bin davon überzeugt, dass deine Krankheit eines Tages sogar ganz vorbeiziehen wird. Auch wenn viele, die mich kennen, behaupten, ich sei etwas Spezielles, hat das nichts mit meiner Depressionsgeschichte zu tun. Du kannst genauso ein Leben mit Lebensfreude, Energie und Sinn leben, wie ich das dank göttlicher Unterstützung kann. Egal, wie dunkel dein Alltag ist, deine Zukunft leuchtet hell.

Noch immer ist der tiefe Ozean in mir Teil meines Lebens. Trotzdem bin ich mir der Liebe Gottes in meinem Leben bewusst. In Römer 8,39 steht: »Und wären wir hoch über dem Himmel oder befänden uns in den tiefsten Tiefen des Ozeans, nichts und niemand in der ganzen Schöpfung kann uns von der Liebe Gottes trennen, die in Christus Jesus, unserem Herrn, erschienen ist.«

Nachwort

Keine Geschichte, welche ich für relevant hielt, habe ich weggelassen, denn nur durch völlige Ehrlichkeit war dieses authentische Buch möglich. Auch mein Ehemann und meine Familie wünschten keine Anpassungen der Stellen, an denen sie erwähnt wurden, denn auch sie sind von dieser außerordentlichen Offenheit überzeugt. Noch immer befinde ich mich auf einem Heilungsweg und doch kann ich sagen, dass ich meinen Frieden mit allen Menschen und Erlebnisse habe, die ich in diesem Buch genannt habe. Dieses Buch soll kein Mitleid erregen, sondern die unsterbliche Hoffnung auslösen, dass es einen Gott gibt, der das Unmögliche in deinem und meinem Leben möglich macht.

Besonders danken möchte ich Benjamin. Die Ehe, die ich mit dir leben darf, ist mein größter Segen im Leben. Deine Liebe und dein Aushalten in schwierigen Zeiten beeindrucken mich. Ich bin endlos dankbar, an deiner Seite das Leben meistern zu dürfen. Ich liebe dich von ganzem Herzen.

Auch meiner Familie gehört spezieller Dank. Danke, Mami und Papi, dafür, dass ihr mir immer den Rücken gestärkt und stets an mich geglaubt habt. Kein Aufwand war euch je zu groß, um mir eure Unterstützung zu schenken, und kein Schmerz war euch zu groß, um mit mir mitzufühlen.

Jamie, du bist mir meine wichtigste Freundin. Du spiegelst mich und hilfst mir, Erlebnisse zu reflektieren. Ich weiß, deine Worte sind stets aufrichtig und ehrlich gemeint und ich fühle mich von dir in jedem Lebensbereich ernst genommen und geliebt.

Ein spezielles Dankeschön auch an dich, Chantal! Seit ich dich mit 16 Jahren kennenlernen durfte, bist du treu und voller Einsatz an meiner Seite. Meine erste Trennung konnte ich mit dir überwinden und auch dieses Buch entstand nur dank deiner Unterstützung. Ich danke dir, dass du mir vorlebst, was es bedeutet, eine treue und gute Freundin zu sein.

Justyna und Audrey, ihr habt immer zu mir gehalten. Vor meiner ersten Diagnose haben wir schon voller Freude das Leben geteilt und auch während meiner Depression wart ihr stets an meiner Seite. Audrey, du bleibst meine liebste, persönliche Psychologieabsolventin. Deine Intelligenz auf akademischer und emotionaler Ebene faszinieren mich und bereichern mein Leben zutiefst. Justyna, wie du den Menschen in deinem Leben treu zur Seite stehst, inspiriert mich. Danke, dass ich auf dein ehrliches und liebevolles Feedback setzen und wissen darf, dass du bei jedem meiner Schritte an meiner Seite stehst.

Ein solches Umfeld von einzigartigen und wunderbaren Menschen kann nur göttlicher Segen sein. Dafür ist meine Dankbarkeit die größte – für einen Gott, der mich nicht aufgibt und mich in jedem Moment fest in seinen schützenden Händen hält.

Greta Marieke Dittmer

Beloved & Free
Entdecke die Freiheit, du selbst zu sein

Ein wertvoller Begleiter auf dem Weg, eine Frau zu werden. Wie eine Freundin teilt die Autorin ehrlich ihre Erfahrungen: »Lass uns die inneren Ketten aufbrechen, in denen du dich manchmal gefangen fühlst und echte Freiheit kosten! Bist du dabei?«

Klappenbroschur, 13,5 × 21,5 cm, 240 S.,
4-farbige Innengestaltung
Nr. 396.123, ISBN 978-3-7751-6123-7
Auch als E-Book

Marie Briese

Stilles Strahlen
Weil echter Mut nicht laut sein muss

Schüchternheit ist keine Schwäche. Mach dich bereit für eine Reise: raus aus der Schublade der Stillen, hinein in Gottes Bestimmung für dein Leben. Lerne dich selbst mit Gottes Augen zu sehen und erkenne: Gott hat dich bewusst so geschaffen, wie du bist.

Klappenbroschur, 13,5 × 21,5 cm, 176 S.,
2-farbige Innengestaltung
Nr. 396.092, ISBN 978-3-7751-6092-6
Auch als E-Book

SCM
Hänssler